销售就是和客户交朋友

打造销售朋友圈的150个技巧

吕国荣　邹华英◎著

中国纺织出版社有限公司

内 容 提 要

《销售就是和客户交朋友：打造销售朋友圈的150个技巧》运用典型的事例和通俗的语言，向读者详细介绍了如何广交朋友，做好、做熟、做深每个客户，扩大自己的个人影响力，建立良好的个人口碑，让客户免费帮你宣传等一系列技巧和方法，帮助读者更好地与人交往，做好销售工作。本书适合各类销售人员阅读，也适合商务人士，以及对营销领域感兴趣的人士阅读。

图书在版编目（CIP）数据

销售就是和客户交朋友：打造销售朋友圈的150个技巧 / 吕国荣，邹华英著. --北京：中国纺织出版社有限公司，2020. 10

ISBN 978－7－5180－7796－0

Ⅰ. ①销… Ⅱ. ①吕… ②邹… Ⅲ. ①销售—通俗读物 Ⅳ. ①F713.3-49

中国版本图书馆CIP数据核字（2020）第158544号

策划编辑：于磊岚　　特约编辑：朱　方　　责任印制：储志伟

中国纺织出版社有限公司出版发行
地址：北京市朝阳区百子湾东里A407号楼　邮政编码：100124
销售电话：010—67004422　传真：010—87155801
http：//www.c-textilep.com
中国纺织出版社天猫旗舰店
官方微博 http://weibo.com/2119887771
三河市宏盛印务有限公司印刷　各地新华书店经销
2020年10月第1版第1次印刷
开本：710×1000　1/16　印张：16
字数：216千字　定价：49.80元

前言

刚做销售的朋友都会有一种感叹：客户在哪里？朋友太少，人脉不丰，又有巨大的业绩压力，真是万事开头难。

其实，销售并不难，难的是你不会交朋友，或者交的朋友不够多。对于销售员来说，做销售的过程就是一个交朋友的过程。销售，是从交朋友开始的。只有广交朋友、会交朋友，你才能做好销售。

斯坦福研究中心曾经发表过一份调查报告，结论指出：一个人赚的钱，12.5%来自知识，87.5%来自人脉。这个数据可能令很多人震惊。

成功学大师卡耐基一针见血地指出："一个人的成功，只有15%源于他的专业技术，而其余的85%则取决于人际关系。"由此可见，良好的人际关系，是一个人成功的基础和保证。无论从事什么职业，学会处理人际关系，掌握并拥有丰厚的人脉资源，你就在成功路上走了85%的路程。

销售就其实质而言是人际关系、人际沟通。有人总结销售三部曲是："由生人变熟人，由熟人变关系，由关系变销售。"认识顾客，建立关系，是销售的必要步骤。因此，优秀的销售员都把如何结识更多的人，并进一步与之建立联系，视为销售不变的法则。

被誉为"世界寿险销售冠军""东方销售女神"的柴田和子，31岁时进入日本第一生命保险公司，成为一名保险销售员。不久就成为第一生命公司一颗冉冉上升的新星，仅仅过了7年就登上日本全国王座，以后连续多年蝉联日本行销冠军，几乎使"日本第一销售员"成为其个人的商标。她所创造的业绩超过了被誉为“销售之神”的原一平，从而荣登吉尼斯世界纪录。她一年的业绩相当于804名业务员。

柴田和子取得如此辉煌的成绩，与她广植人脉并充分利用有很大的关系。柴田和子特别注意人际交往，善于与各色各样的人交朋友，亲戚、朋友、旧同事、学友、老乡、客户等无一不被她收入关系网中。

据统计，有50%的销售之所以成交，是由于交情关系。这就是说，由于销售员没有与客户交朋友，你就等于把50%的市场拱手让人。交情是超级销售法宝，销售在很大程度上说就是处交情、交朋友。朋友做成了，销售就水到渠成了。因此，销售员拜访客户就是去“找朋友”“交朋友”。

本书运用典型的事例和通俗的语言，向读者详细介绍了如何拓展自己的人脉圈子，广交朋友，做好、做熟、做深每个客户，扩大自己的个人影响力，建立良好的个人口碑，让客户免费帮你宣传等一系列技巧和方法，帮助读者更好地与人交际，做好销售工作。

全书没有枯燥、深奥的理论说教，主要以大师们成功的经验为框架，以他们的亲身经历和故事为主要内容，其中既有“世界第一销售大师”乔·吉拉德、“销售之神”原一平、“东方销售女神”柴田和子、“世界上最伟大的销售大师”汤姆·霍普金斯、“世界寿险女皇”林国庆等大师们的经验和经历，也有普通人成功销售的故事。我们这样做的目的在于，用各种鲜活生动的案例和故事为读者展示一幅幅经典的销售画卷。

本书是那些成功的金牌销售员奉送给我们的一份厚礼！它既能为刚入行的销售员雪中送炭，也能给已取得成功的销售员锦上添花。是销售员、业务员、生意人走向成功的最佳教材。

本书既适合各类销售人员阅读，也适合商务人士，以及对营销领域感兴趣的人士阅读。

作者

2020年5月

目 录

第一章 推销，从交朋友开始

第二章　人脉就是销售中的财脉

第三章　多一点人情味，就多一点成交的机会

第六章 熟谙人性，登上成功销售的快车道

第七章 要推销产品，先推销人品

第一章 推销，从交朋友开始

推销，是从交朋友开始的。做销售的过程就是一个交朋友的过程。朋友做成了，销售就顺理成章成交了。因此，推销员拜访客户就是去“找朋友”“交朋友”。

认识陌生顾客的渠道有很多，家庭销售聚会、网络俱乐部、兴趣沙龙、展览会等，只要有心，处处皆朋友。寻找顾客，要抱着一颗平常心，同时抱着不成顾客也做朋友的愿望，先交朋友。这样才能结识人脉资源，建立良好的人际关系。

推销员抱着“先交朋友，后做销售”的宗旨去做，就不愁做不成销售。

每个人都是客户

台湾有位保险界奇人，他的核心理念就是人首先是顾客，他把身边遇到过的每个人都视为他的顾客。他很善于创造与人相识的机会。他最闪光的一点就是“旅行销售法”。

他家距离火车站非常近，火车站这个充满陌生人的世界就是他开展业务的黄金地带。他每天都会到火车站售票厅排队，他不需要去哪里，也不知道自己会去哪里，他的旅程取决于排在他前面的人。他会想方设法与前面的人聊天、套近乎。经过 10 分钟 20 分钟的排队，他有办法与前面的人熟悉起来。临到排在他前面的人买票时 :“高雄……”还没等他前面的人说完，他马上说 :“两张。”于是掏钱买了票，他就随着前面的人去了高雄。一起买的票，座位自然在一起。台北到高雄的这段时间，就成了他销售保险的时间。下车时，他已顺利做成了一笔保单。这种“旅行销售法”成交率虽然不是百分之百，但也是很高的。

大凡在旅途中的人都是很孤单的，心里有点无聊。几个小时甚至更长的相处时间会形成深厚的友谊。这位保险奇人就是这样交朋友来销售他的保险的。

专家点评

要想源源不断地销售出你的产品或服务，必须要有足够多的潜在客户。结交陌生客户是一种普遍的方法，尤其对于一些保险销售员，时时刻刻都可以结交陌生人，取得他们的信任，然后把其中一部分变成自己的客户。

结交陌生客户的方法很多，关键是你自己要养成一个职业意识，不能懒惰，随时随地寻找客户。

保险销售大王原一平曾说过这样一句话：“谁说销售不好做，不知道顾客在哪里？在我看来，走到街上，放眼望去，满眼都是顾客，低头望去，遍地都是黄金。”

人际销售的观念就是人首先是顾客。意思是每个人都可能成为顾客，这也是一种信念。顶尖销售高手都有这种信念，并把这种信念输入到潜意识。因为你相信这是真的，它就会变成真的。

专家支招

（1）主动结交陌生人，利用一切机会发展顾客。

（2）在进行商谈之前首先与对方的关系融洽起来，使对方了解自己，并取得他们的信任。

（3）耐心地培育、发展自己与顾客之间的友好关系。

接触更多的人

乔·甘道夫是美国历史上第一位一年内销售超过10亿美元保费的寿险大师。他刚从事寿险行销时，每天早上从5点开始拜访客户，一直工作到晚上10点，一周工作7天，有时候为了争取时间，连午饭都顾不上吃。由于天天如此长时间的劳动，甘道夫积累了大量的准客户。

有人请教甘道夫：“接触更多的人，是你成功的主要因素吗？”

“是的，无论是夜猫，还是早起的人，我都会设法去拜访他们，因为我知道，接触的人越多，完成交易的机会就越大。”

“你接触他们的第一句话是怎么说的？”

“我直接问他们：‘你会不会拒绝与我讨论你的人寿保险？’”

“是不是所有人都会这样问？包括那些没有经济基础的人？”

“每一个人，我都会问他们，万一出现难以预料的事，以后的生活怎么办？如果他们已建立起对人寿保险的需求，我再问，如果他们退休或长寿的话，会有什么打算？这可以让我与他们讨论终身寿险以及长期的现金价值。然后我说：‘哪一种最适合你目前的财务状况？’即使他们一开始每月只付25美元，我也会让他们填保单，成为我的客户。”

世界上最公平的是时间，你越会利用时间接触更多的人，就越会接近成功。

专家点评

在美国百万圆桌会议（MDRT）的大门上，贴着“See more People”（见更多的人）。这句话就是所有MDRT会员的成功秘诀。

在寿险这个行业，只要能增加拜访的客户量，凭着个人的专业技巧，就可促成保单件数的增加。保单件数一旦增加，反过来又能使你的促成技巧更趋成熟。

专家支招

（1）见更多的客户，接触更多的人。

（2）不要轻视任何人，因为你无法知道究竟谁会向你购买。

随时随地挖掘身边的客户

齐腾竹之助刚进入推销行业的那年夏天，公司组织职工去上山田温泉旅游。上火车后他找了一个空位坐下，当时那排座位上还坐着一位三十四五岁的女士，她带着两个孩子，大的有 6 岁，小的 3 岁左右。齐腾竹之助判断此人是个家庭主妇，心想 :“好啊，从小孩到大人的保险都有希望呢！试试看吧。”

趁列车在车站暂停之时，齐滕竹之助买了当地的特产食品，自己留了些，然后很自然也很有礼貌地赠送一部分给那位女士。以此为缘，他同那位女士扯起了闲话，从小孩的学费，谈到了她丈夫的工作性质、业务范围等。这样，齐腾竹之助首先摸清了对方的情况。

那位女士说，她打算在轻井车站住一宿，第二天乘车去另一个地方。齐滕竹之助立刻应允可以为她在轻井车站找到旅馆。女士听后很高兴。因为轻井是避暑胜地，又逢盛夏，散客想要找旅店相当困难。在介绍旅店时，齐滕竹之助在名片的背面为她写下了介绍信。借此机会，齐滕竹之助也掌握了她和她丈夫的姓名及通讯地址。

两周以后，齐滕竹之助前往那位女士家拜访，并顺利地签下了一笔保险业务，而且他后来通过这家人发展了更多的保险客户。

专家点评

销售员是以寻找客户、销售产品作为目标而进行一切活动的。因此，寻找、选择客户是销售员必须首先去做的重要工作。

也许在销售员坐车、理发、吃饭时，坐在身旁的人就有可能是一位绝好的潜在客户，即使你与他闲聊几句，也能从中捕捉到有用的信息。如果你为这些潜在客户献出一个真诚的笑脸，说上几句和谐的关爱话，帮一个小忙，即使他当时对你所销售的产品予以拒绝，但你认识了他——这比什么都重要。

专家支招

（1）销售员要随时随地搜集和挖掘周围潜在的客户，不能盲目行动，也不可犹豫不决。

（2）机会稍纵即逝，看准目标后就要马上行动。

知己知彼才能成功销售

一位销售员急匆匆地走进一家公司，找到老总办公室，敲门后进屋。下面是他和老总间的一段对话：

“您好，张总。我叫 ××，是 ×× 公司的销售员。”

“我姓赵，不姓张！”

“噢，对不起。我没听清楚您的秘书说您姓赵还是姓张。我想向您介绍一下我们公司的彩色复印机。”

“我们现在还用不着彩色复印机，即使买了，一年也用不上几次。”

“是这样啊！不过，我们还有别的型号的复印机。这是产品介绍资料。”他将产品介绍资料放到桌上，然后掏出烟和打火机说：“您来一支？”

“我不吸烟，我讨厌烟味，而且，办公室里禁止吸烟。”

这次销售的结果很失败，失败的主要原因是销售员事先没有认真了解客户的信息，而这是销售时最忌讳的。

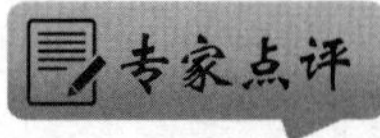

一个杰出的销售员，不但是一名好的调查员，还必须是一个优秀的新闻记者。在与准客户见面之前，对准客户的基本情况要有一定的了解，以便在见面时，能够流利地说出准客户的职业、家庭状况，甚至他本人的故事。这样，销售员的话语才会句句真诚恳切，才能拉近自己和准客户的距离。

专家支招

（1）在与准客户见面之前，要把对方调查清楚，了解客户的基本情况。

（2）销售员对准客户的调查，必须立即行动，及时把握机会。

主动与客户交往

几个公司竞标一个项目，A 公司志在必得，组织了项目小组，住在当地，天天和客户在一起，与客户关系非常好。A 公司自认十拿九稳，可结果中标方竟是和客户仅仅接触过三次的其貌不扬的米小姐。

事后，A 公司的代表问米小姐有什么秘诀。米小姐说在做这个项目之前，她一个客户也不认识，就挨个拜访，最后才发现那个公司的老总不在，一问才知道老总到上海出差了。米小姐又问了出差的地点、入住的宾馆，然后给宾馆打电话，让宾馆代她订果篮、鲜花，写上她的名字，送给客户。

然后，米小姐打电话给自己公司上海的总部，告知经理这个情况，接着赶了最早的飞机飞到上海，直奔那个宾馆，发现经理已经在和老总一起喝茶了。

之后，经理请这个老总到她所属公司参观，一起吃过晚饭，又请他在上海话剧中心看话剧。因为米小姐在客户的公司问过工作人员，得知这个老总很喜欢看话剧。最后这个老总当然很满意。临走，米小姐又找车把老总送到机场。后来米小姐又去拜访了这个老总两次，第三次见面后就签下来了。

A公司的代表听后说："你可真幸运，三次见面就签单了。"

米小姐听了，掏出一个小本子给A公司的代表看，上面密密麻麻地记了很多名字、时间和航班或车次，还有客户的爱好、家乡等。看了后，A公司的代表感慨不已。

专家点评

有没有一种资料让销售人员能够在竞争过程中取得优势、压倒竞争对手呢？有。这种资料叫客户的个人资料。

要主动和客户交朋友，就需要你掌握客户的个人资料，随时了解客户的情况，这样在和客户交流的过程中，才能更好地随时调整策略。

专家支招

（1）充分掌握客户资料，做好准备工作。

（2）积极争取新老客户，主动出击而不是消极等待。

结交陌生客户

小张是一名保险业务经理，他谈到自己的如下经历：

有一天，我在银行排队准备存钱，在我前面的是一位中年男士，他的儿子顽皮地在旁边玩耍。我开始和他攀谈，话题就选择在他可爱的儿子身上。家长总是最疼爱自己的孩子，这个话题很容易就拉近了我和他原本陌生的心理距离。谈话中，中年男士也很热情，对孩子的爱溢于言表。我从中也得到了一些关键信息，比如：他是湖北人，家安在成都，在成都某地开了一个较大规模的牛奶代销站。我们主动交换了名片，看得出来，他对我的印象不错。这一次，我和他一点也没谈保险，我只告诉他我是一名保险代理人。

后来我们一直保持着友好的联系。一次儿童节，我特意把拓展业务的路线改到要经过这位先生家。我给孩子买了些小玩具，按照地址去了他的奶站，在那里碰到了他的爱人，他当时不在。因为以前一直有联系，所以我和他爱人见面时都很自然。我把玩具送给孩子，孩子和大人都很高兴。

他爱人见我夏天穿着厚制服，手里拿着很多资料，就主动问起我的工作。在交谈中我告诉她，我要去给几个同她家孩子差不多大的孩子送保单，她顿时很有兴趣，便向我打听起更多的详细信息。我就很自然地和她谈起像她儿子这么大的小孩最需要什么样的保障，应该做哪些保险设计。我所说的自然是要保持很从容、自然的语态和口气。当然，事先我对自己所要说的内容早就做过深入详尽的思考了。她向我提了很多她所关心的问题，因为我事先考虑到对方会有怎样的问题，所以自己都做好了回答的准备，同时我有大量详细的相关资料，可以有据可依地向她讲解。

隔了不长时间我又去了一次，这次我带去了一些宣传公司企业文化和保险产品的台历、礼品等物件，因为他们正对保险发生着兴趣，我带去的东西激发和加深了他们了解有关保险信息的愿望。

没过多久，这个保单就签下来了。和我曾经陌生拜访成功的很多人一样，这家人现在和我成了相互信任的好朋友。

专家点评

销售员突兀地拜访陌生客户，直接表明推销意图，这属于陌生拜访的一类，是指从来没有和客户联系过也没有见过就直接拜访客户。陌生拜访是销售员开拓市场和进行准客户积累的最有效途径，但是一点也不认识就要销售出产品会麻烦很多。

这时，销售员就应想办法和陌生客户交上朋友，使其成为准客户，日后再拜访转化为缘故拜访——利用个人的人际关系，向亲朋好友介绍产品。

专家支招

（1）善于观察，抓住机会和潜在客户交朋友。

（2）在和陌生朋友交往初期，要放松气氛，真诚待人，使对方把信任的大门打开。

（3）在和潜客户逐渐熟悉后，找准机会销售产品，果断迅速。

销售从朋友做起

有一次，原一平在电话里接洽一位客户，具体的情形如下：

“喂，您是本田君吧？我是明治保险公司的原一平，昨晚我跟您的朋友山本在一起，他跟我谈到您，我们都觉得您相当够朋友，我希望有机会跟您见个面，认识认识。”

“您太客气了！我想山本是不会说我好话的，除非他喝醉了。我猜您是准备向我推销保险吧？”

“保险？您不一定需要啊！我只想跟您认识认识。您不晓得昨晚谈到您时，他对您可是非常尊敬啊！我们一起吃个中饭怎么样？”

“您别费心啦，我是不会买保险的。”

“这样吧，我保证不谈保险可以吧。山本觉得我们两人应该认识，他说我们一定会谈得很投机。”

“别胡扯啦！”

“本田君，也许您不知道，我很喜欢交朋友，并不是卖保险的人所交的朋友都是买保险的客户。我请您吃饭可不是一定要跟您谈保险，除非您自己愿意跟我谈，否则我们只是见个面，交个朋友。”

“不行，我下礼拜忙得很。”

“没关系，我们月底碰个面怎么样？您看周四好还是周五好呢？”

“喔，周五通常比较好，不过……”

“好吧，我们暂时先定周五好了，月底 30 号那天，就这么说定了。如果您有事，再打电话给我吧。真的，如果能跟您认识，实在是一件愉快的事。”

“好吧，暂时就这样定吧。”

后来，原一平在约会中果然没有失信，绝口不提保险的事，只和本田津津有味地谈生活中的趣事，以及自己来东京的经过，也谈论对方所受的教育和事业。整个约会过程被原一平安排得非常有趣。

对方也问了原一平一些个人问题，原一平都老实地回答了，而且话题也很自然地转到对方身上。前后不过 20 分钟的时间，对方竟然已把原一平当老朋友看待。他的防卫逐渐瓦解了，话题也很自然地转到保险上。

“原一平，我没想到你是这样的一个老实人。我目前买了几份保险，我想听听你的意见，也许我应该放弃这几份，然后重新向你买一些划算的。”可是，原一平没有怂恿对方去放弃旧有的保险。

原一平告诉他："已经买了的保险最好不要放弃。想想看，您在这几份保险上已经花了不少钱，而保费是愈付愈少，好处是愈来愈多。经过这么多年，这几份保险已经愈来愈划算了呢！但是，我可以就您的需要和您现有的保险合约，特别为您设计一套，然后您自己可以比较一下。如果您不需要买更多的保险，我会劝您不要浪费那些钱。"

于是，他们就这样轻松地讨论保险，原一平也将他的保险专业知识展露无遗，令对方刮目相看。

原一平接下来告诉他，有关收入、财产、欠债、受抚养人、子女教育，以及私有房地产跟保险金额之间的关系。

后来，他拿到了对方手头的保险单，仔仔细细地研究了一番，发现他所保的总值不够。最终，原一平做成了大保单。

专家点评

原一平天性乐于结交朋友。本田接电话时本来持不信任原一平的态度，但由于原一平言语诚恳，努力地邀约他，他最终放下了警戒心，答应了原一平的邀约。

销售活动都是建立在友谊的基础之上。成功的销售员都具有非凡的亲和力，他们善于博取客户的信赖，让客户喜欢他们、接受他们。当客户信赖、喜欢销售员时，自然也就会接受和喜欢他所销售的产品。一个销售员能否很快地同客户建立友情基础，直接与他的业绩相关。

专家支招

（1）大多数客户都是友善的，站在客户的角度去想想，接触陌生人时每个人都会产生本能的抗拒，但人是社会性的，交朋友是人类的本性，要敢于和客户交朋友。

（2）销售员要让客户感觉到，自己真的把他们当成朋友来看，这样，他们才会放心地购买你所销售的产品。

真诚地赞美对方

1940年，布莱恩·迈耶出生于美国华盛顿特区。1962年大学毕业后，他进入一家贸易公司任区域销售总裁，3年后转入保险行业。由于他人际交往广泛，业绩直线上升，1972年正式成为美国百万圆桌协会会员。

布莱恩在销售过程中总是尽力地鼓励和赞美客户，使客户感到温馨，把他当成知心朋友。十几年来，他因业务关系而结识的朋友不下数百人，而且大部分都保持着联系。

有一次，布莱恩去拜访一位年轻的律师，但律师对布莱恩的介绍和说明丝毫不感兴趣，对布莱恩本人也显得格外冷漠。但布莱恩在临离开他的事务所时不经意的一句话，却意外地使他的态度来了个180度大转弯。

“巴恩斯先生，我相信将来你一定能成为这一行业中最出色的律师，如果你不介意的话，我希望能和你保持联系。”

这位年轻的律师马上反问他：“你说我会成为这一行最出色的律师，我怎么敢当？”

布莱恩非常平静地对他说：“几个星期前，我听过你的演讲。我认为那次演讲非常精彩，可以说是我听过的最出色的演讲之一。这不仅仅是我一个人的看法，出席大会的其他会员也是这样评价你的。”

这些话听得巴恩斯眉飞色舞，兴奋异常。布莱恩早已看得出来，于是乘胜追击，不失时机地向他请教如何在公众面前能有这样精彩的演讲。于是，这位律师兴致勃勃地跟布莱恩大讲了一通演讲的秘诀。

当布莱恩离开他的办公室时，他叫住布莱恩说：“布莱恩先生，有空的时候希望你能再来这里，跟我聊聊。”

过了几年，年轻的巴恩斯果然在费城开了一间自己的律师事务所，成为费城少有的几位杰出律师之一。而布莱恩则一直和他保持着非常密切的往来。

在与巴恩斯交往的那些年里，布莱恩不时地对他表示关心与信心，而他也时时不断地拿他的成就与布莱恩分享。

在巴恩斯的事业蒸蒸日上的同时，布莱恩卖给他的保险也与日俱增。他们不但成了最要好的朋友，而且通过巴恩斯的牵线搭桥，布莱恩结识了不少社会名流，为他的销售工作储备了许多有价值的潜在客户。

专家点评

做销售的过程就是交朋友、编织人脉网络的过程。先交朋友，后做销售，当你不断地与客户建立牢固的友谊时，便有了广泛的人际关系，那时离成功也就不远了。

如果销售员真诚地鼓励和赞美客户，不仅能激励客户，还会使客户有一种满足感和成就感，并将销售员当成知心朋友，一生一世的朋友，这将对销售工作有不可估量的推动作用。

专家支招

（1）要想把销售做大，必须不断结交新朋友。

（2）对客户要真诚地赞美，热忱地鼓励，取得客户的信任。

（3）和客户建立的友谊要深远长久，对客户的关心和赞美都会有回报。

朋友生意两不误

托马斯是一位证券经纪人，高尔夫球是他最喜欢的娱乐活动之一。他有一个首要原则，就是在打高尔夫球时不谈生意。托马斯习惯把个人生活与生意区分开来，他不希望人们认为他利用关系是为了做销售。

吉米是一家建筑公司的经理，有一次与托马斯在俱乐部玩高尔夫球双人赛。他们在一轮又一轮的比赛中玩得很高兴。两人球技不相上下，年龄相仿，兴趣相投，随着时间的推移，他们的友谊逐渐加深。

很显然吉米是位再好不过的潜在客户。然而，托马斯从未向吉米建议说做他的证券经纪人，因为那样就违背了他自己的原则。

托马斯和吉米有时会讨论一些有关某个公司某个行业的问题，吉米也想知道托马斯对证券市场的总体观点。虽然托马斯从不回避回答这些问题，但也从未表示非要为吉米开个户头。

吉米总会时不时地要托马斯给他一份报告，或者他会问："你能帮我看看佩思尼·韦伯的分析吗？"托马斯总是很乐意地照办。

一天，在晴朗的蓝天下，吉米把手放在托马斯肩膀上说："托马斯，你帮了我不少忙，我也知道你在证券行业干得很出色，但你从未提出让我成为你的客户。"

"是的，吉米，我从未想过。"

"那么，托马斯，现在告诉你我要做什么，"他温和地说，"我要在你那儿开个账户。"

托马斯笑着让他继续说下去。

“托马斯，就我所知，你有良好的信誉。就以你从未劝我做你的客户这点来看，你就很值得我敬佩，实际上我也基本遵守这一点。我同样不愿意与朋友在生意上有往来。但是，现在我希望你能做我的证券经纪人，好吗？”

接下来的星期一上午，吉米就在托马斯那里开了个账户。随后，吉米成了托马斯最大的客户。后来，他还给托马斯介绍了几个家庭成员和生意往来的人。

专家点评

这桩看似轻而易举的生意，其实是经纪人与客户长期接触发展成好朋友后，赢得客户的信任与尊重获得的。

一个优秀的销售员应该了解何时该“温和地推销”，何时该默默地走开。富裕的人总是对他人保持提防的态度，对于这些极有潜力的未来客户，强硬推销的结果很可能遭到拒绝；而经过一段时间发展得来的关系会更长久，生意也自然水到渠成。

专家支招

（1）在和客户交朋友的过程中，抱着真诚的心理，言谈中不要流露出功利心。

（2）平日里培养些高雅的兴趣爱好，这有助于结交档次较高的朋友，与他们发展客户关系。

先做朋友，再谈销售

吉姆先生是一位非常忙碌而且非常反感推销员的油桶制造商。一天，保险销售员威廉带着朋友的介绍卡，来到了吉姆的办公室。

“吉姆先生，您早！我是人寿保险公司的威廉。我想您大概认识皮尔先生吧！”

威廉一边说话，一边递上自己的名片和皮尔的亲笔介绍卡。

吉姆不等威廉说话，便不耐烦地说：“你是我今天见到的第 3 位推销员，你看到我桌子上堆了多少文件吗？要是我整天在这里听你们推销员吹牛，什么事情也别想办了，所以我求你帮帮忙，不要再做无谓的推销啦，我实在没有时间跟你谈什么保险！”

威廉不慌不忙地说：“您放心，我只占用您一会儿的时间就走，我来这里只是希望认识您。如果可能的话，想跟您约个时间明天碰个面，再过一两天也可以，您看早上还是下午好呢？我们的见面大约 20 分钟就够了。”

吉姆很不客气地说：“我没有时间接见你们这些推销员！”

威廉并没有告辞，也没有说什么。他知道，要和吉姆继续谈下去，必须得想想办法才行。于是他弯下腰很有兴趣地观看摆在吉姆办公室地板上的一些产品，然后问道：“吉姆先生，这都是贵公司的产品吗？”

“不错。”吉姆冷冰冰地回答。

威廉又看了一会儿，问道：“吉姆先生，您在这个行业干了有多长时间啦？”

“哦……大概有 10 年了！”吉姆的态度有所缓和。

威廉接着又问："您当初是怎么进入这一行的呢？"

吉姆放下手中的公事，靠着椅子的靠背，脸上开始露出一种柔和的表情，对威廉说："说来话长了，我17岁时就进了一家大公司，在那为他们卖命一样的工作了10年，可是到头来只不过混到一个部门主管，还得看别人的脸色行事，所以我下了狠心，想办法创业。"

威廉又问道："请问你是宾州人吗？"

吉姆这时已完全没有生气和不耐烦了，他告诉威廉自己并不是宾州人，而是一个瑞士人。听说是一个外国移民，威廉吃惊地问吉姆："那真是更不简单了，我猜想您很小就移民来到美国了，是吗？"

这时的吉姆脸上竟出现了笑容，自豪地对威廉说："我14岁就离开瑞士，先在德国待了一段时间，然后决定到新大陆来打天下。"

"真是一个精彩的传奇故事，我猜想您要建立这么大的一座工厂，当初一定筹措了不少资本吧？"

吉姆微笑着继续说："资本？哪里来的资本！我当初开创事业的时候，口袋里只有300美元，但是令人高兴的是，这个公司目前已整整有300万美元的资本了。"

威廉又看了看地上的产品道："我想，要做这种油桶一定要靠特别的技术，要是能看看工厂的生产过程一定很有趣。您能否带我看一下您的工厂呢？"

"没问题。"

吉姆此时再也不提他是如何如何的忙，他一手搭在威廉的肩上，兴致勃勃地带着他参观了他的油桶生产工厂。

威廉用热诚和特殊的谈话方式，化解了这个讨厌推销员的瑞士人的冷漠和拒绝。而且他们在第一次见面之后，就成了一对好朋友。自那以后的16年里，威廉陆续向吉姆和他的6个儿子卖了19份保单。此外，威廉还跟这家公司的其他人员也建立起了非常好的友谊，从而扩大了他的销售范围。

专家点评

保险销售员威廉带着朋友的介绍卡去拜访客户，但仍然被客户不客气地拒绝了。熟人介绍是销售的一种策略，但对态度强硬的客户没有作用。

一般销售员在被客户毫不客气地拒绝之后，很可能就失望地告辞了，但威廉却没有，而是充分发挥自己出色的沟通能力和谈话技巧，最终与客户成了好朋友，获得了更多的保单。

专家支招

（1）遇到态度强硬的客户时，销售员不妨先与他交朋友。

（2）和客户初交朋友时，从客户感兴趣的话题谈起。

与客户建立深厚的友谊

汽车推销大王乔·吉拉德总是设法让每一个光顾他生意的客户感到他们似乎昨天才刚见过面。

“哎呀，比尔，好久不见，你都躲到哪里去了？”乔·吉拉德微笑着，热情地招呼一个走进展销区的客户。

“嗯，你看，我现在才来买你的车。”比尔抱歉地说。

“难道你不买车就不愿顺道进来看看，打声招呼？我还以为我们是朋友呢。”

“是啊，我一直把你当朋友，乔。”

“你每天上下班都经过我的展销区，比尔，从现在起，我邀请你每天都进来坐坐，哪怕是一小会儿也好。现在请你跟我到办公室去，告诉我你最近都在忙什么。”

当一位满身尘土、头戴安全帽的客户走进来时，乔·吉拉德就说：“嗨，你一定是在建筑业工作吧。”很多人都喜欢谈论自己，于是乔·吉拉德尽量让他无拘无束地打开话匣子。

有一次，当乔·吉拉德问一位客户做什么工作时，对方回答说：“我在一家螺丝机械厂上班。”

“噢，那很棒，那你每天都在做什么？”

“造螺丝钉。”

“真的吗？我还从来没有见过造螺丝钉是怎么回事呢。方便的话我真想上你们那儿看看，欢迎吗？”

乔·吉拉德只想让对方知道自己是多么重视他的工作。或许在这之前，从未有谁怀着浓厚的兴趣问过客户这些问题。相反，一个糟糕的汽车销售员可能嘲弄他说：“你在造螺丝钉？你大概把自己也拧坏了吧，瞧你那身皱巴巴的脏衣服。”

乔·吉拉德说到做到，有一天他特意去工厂拜访这位客户，客户喜出望外地接待了他。客户还把乔·吉拉德介绍给年轻的工友们，并且自豪地说：“我就是从这位先生那儿买的车。”乔·吉拉德呢，趁机送给每人一张名片，通过这种策略，他获得了更多的生意。

专家点评

销售工作的核心是人，因为资金是不需要筹集的，技术和产品是由公司提供的，那么销售其实就是把东西卖给你找到的人。

要使客户在产品高度同质化的今天仍然追随你的服务，销售员就要和客户增进感情，和他们做朋友，靠感情取胜。

专家支招

（1）记住每个客户的名字，建立客户档案。

（2）销售员应当言出必行，让客户感受到你对他的重视，从而把你当成他的朋友。

从客户的爱好入手

婴儿用品销售员史密斯很想在一家大型商场里举办一次促销活动。他已经拜访商场经理四次了，距离自己预想的活动时间也越来越近，但商场经理还是没有想参与的意思，并且开始拒绝接见史密斯。

不得已之下，史密斯只能寻找另外的突破口。经过多方打听，史密斯得知这位经理是一个铁杆篮球迷，并且还是公牛队的球迷。于是在一个周五的下午他通过经理的秘书给经理递了一个纸条：在下周的比赛中，肯定是湖人队战胜公牛队。不出五分钟，这位经理就让秘书请他进去。一进门，经理就对他嚷道："怎么可能是这样呢？肯定是公牛队大胜湖人队。"

史密斯等他讲完后，就说出了自己的见解，并且认为公牛队在下周是不会大胜湖人队的。

经理听得非常仔细，也很认真。其间他们根本就没有谈促销的事情。两个多小时以后，史密斯起身告辞，并且拿出一张门票说："票就在这里，要不我们一起去看看？看谁说得对，怎么样？"

经理非常高兴地收下门票，并且还说自己的判断肯定不会错。就在经理拿下门票的时候，他说："听说你准备在我的商场里举办婴儿用品促销活动，这样吧，我们一起好好策划策划。弄完之后，我们一起去看球赛，我要亲眼看到我的公牛队战胜你的湖人队。"

当然，此次的促销活动成功举办了，他们两人也成了很要好的朋友。

专家点评

一个成功的销售员应该掌握多种方法和客户建立联系。事实上，很多客户并不喜欢和满口效益的业务员在办公室里谈话。所以，销售员应该意识到客户其实也是平凡人，和自己一样有各种各样的兴趣。从客户的兴趣入手，容易激发客户的沟通兴趣。

专家支招

多花心思去了解客户的爱好和兴趣，从这上面找突破口，和客户建立朋友关系。

培养共同爱好

“这款运动服是限量的，你居然也有一套，真巧！”一个名企的老板惊讶地看着原一平说。

“限量的？这我倒不太清楚，不过真的是很巧，我很喜欢这个款式！”原一平也很吃惊。

“您是第一次来这家健身馆吧？真有眼光，这家是东京最好的健身俱乐部！”原一平接着说。

“哈哈！这是我最喜欢的俱乐部了，我在这儿健身都已经3年了！”老板对原一平一见如故。

“我也是这家俱乐部的会员！真遗憾，之前没有见过您！”原一平笑着说。

“既然今天这么有缘，不如一起打保龄球吧？”说着，原一平向保龄球馆走去。

“你也是个保龄球爱好者？”老板异常兴奋。

“是啊！而且我的技术可是一流的！”原一平说着就打出一个全中。

“真是棋逢对手！”那位老板一看，迫不及待地跑过去和原一平一较高低。

两个人志趣相投，好像故友一样，无话不谈。

“先生，对不起，我今天还有工作，必须走了！”有一天，原一平突然说道。

“你做什么工作啊？”老板显然还没有尽兴。

“我是一名保险销售员，这个月的业务量还没有完成，恐怕这段时间见不到您了！”原一平表现得很失落。

“这样吧！咱们这么有缘，我买你一份保险！不过咱们得继续较量一下，看谁厉害！”老板哈哈大笑道。

“好！那我奉陪到底！”

就这样，原一平非常容易地签了一个大客户。

看似巧合的相遇，看似巧合的着装，看似巧合的兴趣爱好，其实都是原一平提前设计好的，他专门跑到老板经常光顾的洗衣店打听衣服的品牌，专门向他的员工打听老板爱去的健身馆，了解到那个老板喜欢打保龄球，于是专门苦练了两个月的保龄球，等到时机成熟了才开始行动，结果不仅和客户成为好朋友，还做成了一笔生意。

专家点评

人人都喜欢与和自己个性相仿的人打交道，见到和自己兴趣爱好相同的人就会产生共鸣，产生莫名的亲切感。如果销售员有和客户相同的兴趣爱好，自然就会拉近自己和对方的距离，做销售也就轻而易举了。

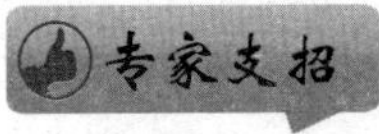

专家支招

道不同不相为谋，销售人员可以有意识地培养和客户相同的兴趣爱好。

立即付诸行动

阿拉伯商人最擅长的也最普遍采用的公关手法是宴会。

宴席都是在别墅或一流饭店举行。耗资之巨常常令所有赴宴者感叹不已。

1956年卡索吉才21岁，当时，以色列刚刚入侵加沙地带，沙特阿拉伯需要卡车帮助埃及运送供应品。卡索吉观察到军方的卡车总往沙地里陷，而对方使用的肯沃思公司出产的宽轮卡车可以像骆驼一样稳稳地穿越沙海。他请示政府注意这一问题，不久，沙特国王和国务大臣委托卡索吉从肯沃思公司购买价值300万美元的卡车，劳务酬金为15万美元。

钱还没到手，卡索吉就在巴黎的乔治饭店举行了一次奢华靡丽的宴会，香槟酒、鱼子酱、妩媚的女郎，应有尽有。排场之大，气势之堂皇，令所有与会的亲王和商人久久难以忘怀。这次宴会几乎耗去了武器买卖的全部酬金，但是由此结成的关系网却使他赢得了难以想象的机遇。

卡索吉在社交场合及其细心。一天晚上，周旋于各桌之间的卡索吉来到美国诺斯罗普公司官员莱特富特的桌子旁边。这位灰眼睛、波士顿口音的高级官员把自己的妻子介绍给卡索吉。

“您夫人很有魅力。”卡索吉不失时机地恭维道。

“那当然啦，今天是她的生日。”莱特富特回答。

“您怎么没告诉我？”卡索吉转身对助手耳语，他要一只生日蛋糕。

几分钟后，助手返回，告诉卡索吉，厨师长说通知得太晚，赶制蛋糕有些来不及。卡索吉有些愠怒："10 分钟内必须给我一只蛋糕，否则我就更换全部厨师！"

10 分钟后，厨师长端上一只银质大浅盘，盘里放着一只由不同颜色的几何形状的甜瓜拼成的蛋糕，生日蜡烛点缀在蛋糕上的奶油里。

"瞧，他们可以在 10 分钟内做出一只蛋糕。"卡索吉绽开笑容对莱特富特夫人说。

要知道，诺斯罗普公司是卡索吉的合作伙伴，他们向卡索吉提供的酬金是以百万美元计算的。

专家点评

卡索吉之所以千方百计地满足合作者的需求，是因为这有利于他与对方进一步合作，为自己创造利润。对销售员来说也是如此，只有立即付诸行动，用心去培养和客户之间的友情，才能博得客户的认可和信任。

专家支招

（1）千万不能错过和客户交朋友、增进友情的机会。

（2）用行动为客户提供便利。

用富有人情味的方式关心客户

一位销售员上门为客户推销化妆品，谁知女主人说："我不需要什么化妆品。"

“有什么理由吗？”

“让我说原因有点困难，况且我也不想说给你听，你也解决不了我的问题。”

“那倒不一定，您不妨说出来看看。我销售的这种产品确实不错，很适合您这个年龄段的人使用，几乎就是为您设计的。”

“我都老了，也没有什么心情打扮自己，请到别处推销吧。”

“我看您心中肯定有什么不愉快，是受委屈了吧？您买不买产品没什么，但这种心态可不好，这会影响您的工作、生活，也会影响您的健康。人不管遇到什么挫折都要勇于面对，要微笑着生活才对，您说是吗？”

听到这样劝慰的话，客户流下了眼泪，把自己心中的苦恼向她认为值得信赖的销售员和盘托出。原来她在一次机关减员中被裁下来，几次应聘也没有结果，心中觉得十分苦恼，根本无心梳妆打扮，此时一听到销售员是来推销化妆品，更是触动了她的心病，便不友好地加以拒绝。

销售员听客户说完后，便现身说法，说自己也是一位下岗女工，刚下岗时也是想不通，找工作也是四处碰壁。她的邻居是一家著名公司的销售人员，很热心地鼓励她，于是她便开始了推销生涯。现在她从事这项工作已有两年，逐渐适应了新的工作，也取得了一定的成就。

经过这一番沟通，这个销售员不仅成功地做成了这笔生意，而且后来她们还成为了很好的朋友。

专家点评

有经验的销售员都很善于与客户进行心灵沟通，在买卖过程中搭建两方心灵沟通的桥梁。

人是有理智、有感情的高级动物，不同的消费者有不同的情况。要想加强销售员和客户的感情交流，心灵沟通是非常重要的。客户的年龄、性格、职业、教育程度、收入水平各有不同，因此要求销售员有较强的人际交往能力和机动灵活的处事方法，要求销售人员有浓厚的人情味，从客户的实际情况出发，从感情上关心客户，感情上融合了，交易也就变得顺畅多了。

专家支招

（1）将客户看成朋友，用富有人情味的方式关心客户。

（2）分享客户的喜怒哀乐，从心灵上与客户沟通。

解决问题之前先顺气

蓓西·马丁是美国 MONEY 杂志的发行人，她总揽杂志的发行、公关与广告事务。当然，她的这一地位是依靠自己的拼搏得来的。

1982 年，她是杂志公司在新英格兰地区的唯一一位业务员。有一天，快要下班的时候，她接到一位广告代理商富兰克林的电话，那位广告代理商是马丁最大的客户——富达投资公司的代理人。

富兰克林在电话里大发雷霆，因为马丁把一张重要发票上的一个重要项目填错了。

“很抱歉，我听不清楚你说些什么。”马丁说，“让我查一查，明天早上给你答复好吗？”

这样的解释根本没有用。富兰克林还是在不停地咒骂。富达是马丁最大的客户，因此，马丁只好忍受。但是，富兰克林似乎没完没了，马丁忍无可忍，说：“你再这样就是逼我挂掉电话。你一直这样骂脏话，咱们就没法谈！”

还是没有用处。最后，马丁终于找了个话缝说：“如果你想骂我，当面骂我一顿不是更解气吗？我离你那里也不远，我现在就过去，好吗？”

"算了，我忙得很。"说完，对方就挂断了电话。

当天晚上，马丁就把相关资料全部查阅了一遍，做好了一切准备。

虽然客户没有同意马丁去面谈，但出了这样大的问题，马丁还是决定不请自去，与富兰克林面谈一下。

这样做的好处是：表现出主动解决问题的诚意；降低自己的姿态，减少被动性；电话里的骂人话在见面时一般都说不出口，见面也是减少自己受侮辱的可能性。尤其是一个显得很正派大方的女子专门来听你训斥，一般人都会原谅她。

果然，当马丁找到富兰克林的时候，他有些缺乏准备。很快地，他调整好自己的窘态，开始与马丁研究问题之所在。

到马丁离开的时候，他们已经成了朋友。

专家点评

在推广业务的过程中，往往会有些失误，让客户对我们的做法产生不满。产品有问题自然要解决，但是人的心情有问题，更需要解决。

如果客户气不顺的话，很难自己就变得气顺。时间越长，积累的不顺气就越多。如果你迅速采取有效行动，把他的心情理解透了，让他气儿顺了，什么都好商量。最后客户的意见往往能成为双方"不打不相识"的机会。

专家支招

（1）面对客户，主动承认错误，耐心地和客户进行沟通。

（2）销售员只有先让客户顺气，才能解决问题，并和客户交上朋友。

把客户当成朋友而不是对手

迈特是一位汽车销售员，他对各种汽车的性能和特点了如指掌。本来，这对他做销售是极有好处的，但他喜欢与客户争辩。每当客户过于挑剔时，他总要理直气壮地与他们“舌战”一番，而且常常把客户驳得哑口无言才“鸣金收兵”。事后，他还得意地告诉朋友说：“我今天教给这些无知的家伙很多知识。”

后来，经理批评他：“在论战中你越胜利，作为销售员你就越失职，因为你会得罪客户，结果什么也卖不出去。”再后来，迈特参加了销售培训课程，懂得了要把客户当朋友一样对待。

有一次，他去推销怀特牌汽车，一位客户傲慢地说：“什么，怀特？我喜欢的可是胡雪牌汽车。你送我怀特我都不要！”

迈特听了，微微一笑：“你说得不错，胡雪牌汽车确实好，该厂设备精良，技术也很棒。既然你是位行家，那咱们也来讨论讨论怀特牌汽车怎么样？希望先生能多多指教。”

于是，两个人开始了海阔天空的讨论。迈特借此机会大力宣扬了一番怀特牌汽车的优点，最终做成了生意。

专家点评

一些销售员在一般的情况下，还能热情周到地接待客户，详细地向客户介绍产品，可一旦客户对产品提出异议与抱怨，这些销售员的脸马上晴转多云，对客户产生不满，甚至言辞生硬地予以反驳。结果，不但生意做不成，还伤害了对方的自尊心，两败俱伤。

对一个有远见卓识的销售员来说，他不会把客户看成对手，逞口舌之快，而是更多地想到长远的利益，用细致入微的服务赢得今天的客户，创造明天的客户。

专家支招

（1）把客户当朋友，理解和尊重客户，不与客户争辩。

（2）认同客户的观点，采取积极、有效的方式去化解客户的不满。

坚持原则获得信任

朱小姐是一家公司的销售经理，她一向将客户奉为人脉里的核心，但是也不因此改变自己结交君子的原则。

有一家公司的客户经理，谈好了和她们公司合作推出一批产品捐赠给视力残障人士做公益宣传。当活动进行到快一半时，朱小姐发现捐赠的产品其实是离保质期限很近的东西，于是要求他们换刚生产的货，几经抗争仍遭到拒绝后，朱小姐毅然选择单方面终止活动，不仅从此少了个客户还损失了已经垫付掉的金钱。

但是当其他客户和朋友知道了这件事情后，意识到朱小姐是一个有原则的人，不会为了利益出卖原则损害他人。虽然朱小姐的朋友减少了一个，但是她赢得了更旺的人气，交到了更多的朋友。

专家点评

在销售工作中，朋友的重要性是毋庸置疑的，但要交什么样的朋友更重要。

物以类聚，人以群分，你交什么样的朋友将决定你的人生品质和事业品质。

作为销售员，如果你的朋友都是正直善良的，你就不会被人带到坑蒙客户的邪路上去，还会给客户留下好口碑。

专家支招

（1）交朋友不能逢人就交，而是要拒绝“小人之交”，选择“君子之交”。

（2）对值得交的朋友一定要深交，以诚相待。

（3）切实为客户利益着想。

与客户的孩子交朋友

有一次，法兰克去拜访一位客户，看见客户5岁的小女儿正在地板上玩耍。小姑娘很可爱，法兰克跪在地上陪着她玩耍，很快他们就成了好朋友。她父亲一忙完手中的事就过来打招呼，说很久没有买法兰克的产品了。法兰克并没有急于向他推销什么，而只是谈论他可爱的小女儿，说她聪明活泼。

这时，客户对法兰克说：“看得出来你是真的喜欢我女儿，如果方便的话，你晚上就来我家参加她的生日晚会吧，我们家就在这商店附近。”

法兰克办完自己的事后，晚上真的去参加了那个小女孩的生日晚会。晚会上大家玩得很开心，法兰克一直到最后才离开，当然手里多了一笔订单——那是一笔法兰克从未有过的大订单。法兰克并没有极力推销什么，只不过对客户的女儿表示友善而已，就和客户建立了良好的关系并达到了自己的目的。

专家点评

销售员要想和客户建立长久而牢固的关系，就要处理好和这位客户的各种关系。销售员对客户孩子的友善能博取客户的好感和信任，这并不是利用感情，而是一种和客户拉近距离的手段，是一个优秀销售员成长过程中所必须经历的。

专家支招

和客户交朋友的方式多种多样，和客户亲密的人搞好关系是很好的方法。

切忌交浅言深

小王是一家公司的业务经理，在一次聚会上，偶然与另一家公司的一名职员相遇，两人很投缘，话也越说越投机，大有相见恨晚之感。小王把对方当成了自己的贴心朋友，结果在耳热酒酣之后，把自己公司将要开展的业务计划说了出来。

一个月后，当小王的公司把新的业务计划投入实际运作时，却被客户告知别的公司已经在做了，并签了合同。这个计划只有小王和老板知道，小王自然被上司批评了一番，并罚薪降职，永不重用了。小王没想到把对方当成朋友，对方反而害了他。

专家点评

交浅言深就是说，你与朋友初交就把心掏出来给对方，无话不谈，这很有可能使自己“受伤”。

在社交场合中，大家见面不管生面孔也好，熟面孔也好，都会点头致意，彬彬有礼，说话时像老朋友一样相互问好，热情开放，这是礼节礼貌。对刚结识的朋友说话要有所保留，作为销售人员更要注意这点，不要泄露公司的商业机密。

专家支招

（1）逢人只说三分话，这三分话不在重要话之内，重要话是一句都说不得的。

（2）所说的这三分话，应该是风花雪月、柴米油盐、天上地下、山海奇观、稗官野史等。总而言之，应该是无关紧要的话题，不涉及商业秘密等重要内容。

切不可忘记朋友这块销售市场

曾有人向汽车大王福特销售了一张百万美元的保险。福特的一位做保险业务的好朋友知道后，赶紧找到福特，脸色相当不悦地批评道："你真不够意思。我都是开你们福特的汽车，你要买保险怎么不告诉我呢？"

福特语气坚定地说："你开福特车是我推荐给你的，至于我需要的高额保险，你可从来没有开口向我提过。"

爱面子，忌熟人，讲情面，是销售员成功的障碍。因为这个障碍，而使自己错失近在身旁的业务是很划不来的。

专家点评

从朋友纯粹的友谊转换到涉及利益的商业关系时，也许一些销售人员会感到不自在。但是，既然是朋友，双方就是真诚来往的，就要互相交流信息，互相支持。

交情是交情，生意是生意。要想彼此事业都成功，就必须要善于利用朋友关系。如果朋友真的信任你，除非他已经购买过类似产品，否则一般不会拒绝。

专家支招

（1）坦率勇敢地向朋友介绍自己的产品，即使被拒绝也没关系。

（2）对朋友要足够真诚，不要利用朋友的感情销售劣质产品。

第二章
人脉就是销售中的财脉

好莱坞流行过这样一句话："成功，不在于你知道什么或做什么，而在于你有什么样的关系。"这话虽然有些偏激，但却从一定程度上反映出了关系的重要性。

这里所说的"关系"，主要指人际关系，按照时下流行的说法也就是人脉。

对于销售人员来说，销售人脉十分重要，没有人脉，就没有业绩可谈，那么，这销售人脉如何建立起来呢？

柴田和子如何广植人脉

柴田和子是日本销售女神，一个普普通通的妇女，身高153厘米，体重73公斤，而且其貌不扬。但她自1978年起，连续20年蝉联日本保险销售冠军。1988年，她创造了世界寿险销售第一的业绩，并因此而荣登吉尼斯世界纪录，此后逐年刷新纪录，至今无人打破。

她的年度成绩能抵上800多名日本同行的年度销售总和。虽然她从1995年起担任了日本保险协会会长，但业绩依然不衰，已超过了世界上任何一个销售员。

在全球寿险界，谈到寿险销售成绩的时候，人们常常说“西有班·费德雯，东有柴田和子”，这是人们对柴田和子的莫大赞许。

柴田和子取得如此辉煌的成绩，与她广植人脉并充分利用人际关系有很大的关系。我们来领略一下柴田和子是如何进行人脉销售的。

（1）利用以前所积累的人脉关系。

柴田和子的人脉主要是以原来她供职的三阳商会和其母校新宿高中为基础延伸开去的。

柴田刚进入公司的时候，公司要求他们这些新业务员要从陌生拜访开始做起。为此，她的上司为他们指定了拜访区域，按公司的要求，在培训期内，只要能从陌生拜访中签上一张契约，即算入职培训合格。

但柴田对陌生者的拜访最感无从下手，根本没有按规定进行。为了完成任务，她想到了另一个变通的办法，请原来她服务的公司的社长帮她介绍客户。

柴田原来供职的公司名为“三阳商会”，由于患了眼疾，她才不得以离开公司。柴田在三阳公司的工作是很受赞赏的，公司甚至答应，一旦她眼病治好，可以随时回去上班。

柴田并没有再回三阳公司，而是当了 4 年的家庭主妇，最后因为经济窘迫才又出来做保险行销工作。

由于柴田的出色表现，公司社长还真没有忘记她，虽然她没有再回三阳，但对她的请求还是很热心并给予了帮助。

有了社长的介绍，柴田出道不足两个月，竟于不经意间签回了 3000 万日元的大单，成为轰动公司上下的重大新闻。

在柴田和子看来，最有效率的做事方法，就是将既已建立的人脉关系活用于企业集团之中。每个人都会有因自己血亲、姻亲关系而结成的亲戚，或是因同学而存在的校友关系，当然也有跟自己出生地有关的乡亲关系。柴田和子认为，可以通过这些关系将这些人脉灵活运用于工作上。

从销售实践中，柴田悟出了广结人脉对销售工作的重要性，她就特别注意人际交往，善于与各色各样的人交朋友，亲戚、旧同事、学友、老乡等无一不被她收入关系网中。

（2）善用银行开发客源。

在当时，日本所有的企业都是自由资本比例比较低，常常需要向银行贷款，而银行也发挥极大的金融效能，在银行与企业的权力结构中，银行居于绝对支配地位。因此，银行的推荐变得相当有力量，可以给对方带来压力。所以，柴田和子常常以这样的关系来做她的开场白。“我是由银行介绍来的，但是我与银行并没有任何特殊关系。因为是我自己跑到银行请他们介绍的。所以请别介意‘银行介绍’这四个字，请你听听我说的内容。希望你能理解，我是以一个保险业务员的身份，来为贵公司推荐一项非常合适的商品，因此，请你务必针对这项由我为你设计好的保险商品，加以批评、指教，这样对我的成长也有所助益。我希望一点一滴地累积这些教训——将来成为日本顶尖的业务员。因此，请你不吝指教。对我加以指导。”

当时，有一家银行提供了柴田和子 7 家企业的转介绍。那家银行的支行长是一位非常优秀的绅士，之后，他又陆续为她介绍了更多的企业。当柴田和子成功获得一家银行的转介绍后，其他银行也纷纷对她发出邀请。

为了具体了解企业名称，她曾经一整天坐在银行柜台窗口前的椅子上，一听到银行小姐喊“××工业公司”“××会”，就一个一个地把名称抄录下来。然后再上二楼的贷款部门请求工作人员为她介绍那些企业，最后再去一路拜访。

（3）寻找关键人物。

柴田和子之所以会从老板入手，因为那是一种最有效率的做法；换句话说，老板是一个握有决定权的关键人物，只要老板说“Yes”，剩下的就只是事务性工作了。

我们看下柴田的人际网中都有什么样的人：

三阳商会的社长，她为柴田介绍了第一单生意，而且一上来就是大单。还特许她自由地在三阳商会内进行保险销售，这些都是柴田最初业绩的主要来源。

日产汽车的久米丰会长，柴田与他相交仅仅因为久米丰是柴田母校新宿高中的学友。久米丰不仅成为柴田的客户，还为她介绍了很多重量级人物。

东芝企业的会长渡里杉一郎，是柴田“家兄媒人的好朋友”，他也在各种场合为柴田广做宣传。

石川岛播磨重工业的稻叶兴作社长，同样也是她的客户和朋友，为她介绍了很多客户……柴田戏称这些商界VIP人物为“长腿叔叔”，是她的超级啦啦队。她没有解释“长腿”为何意，但我们推想，那可能是指他们能耐较大、为她介绍了很多客户之意吧。

对一般的人来说，好像签完单，事情就完结了。柴田却不同，她不仅与客户签单，还和他们交朋友。她认为，行销人员与保户之间不能一签完保单、收了费就说“Bye bye”，而是要与其长久交往十几二十年。正因为如此，她才能结交这么重要的客户。她与这些客户保持联系的方法也很简单，不外乎在圣诞节、春节等重大节日，或客户生日时，送上一些小礼物，如迪斯尼乐园的入场券、音乐会的门票、戏票、音乐盒等，让客户时时明白柴田还记挂着他们，所以，他们也记挂她。有时候，就是签不成单，也千方百计地与他们交上朋友，为以后的工作铺好路。

专家点评

建立人脉关系就是一个挖井的过程，付出的是一点点汗水，得到的是源源不断的财富。销售就是不断去找更多的人、结识更多的朋友，以及销售给你结识的人。销售领域里得到最高业绩的一个概念就是“摇钱树”概念。人脉销售就是一个开枝散叶、开花结果的过程，成功来自于85%的人脉关系，15%的专业知识。

因此，学会利用生意场上的“人脉”，是销售员的一种基本功。

专家支招

（1）人脉关系是个宝藏，要善于从中挖掘资源。

（2）通过特定的组织开发客源。

（3）找到关键人物很关键。

积累人脉就是积累财富

1996年，在中国台湾总部公司的小王被外派到上海工作，在上海工作了两年后，小王决定辞职。辞职后他向公司总部提出了一个请求：允许他继续使用以前公司给他配备的手机号码。

小王说他在大陆工作的这两年时间里，人际关系是他唯一的资源。如果他把手机号换了，那么原来的那些朋友、客户就很可能找不到他，他就失去了重要的人脉资源。

从20世纪90年代起，大陆的招商引资工作如火如荼地展开。以苏州、昆山为代表的江浙一带，更是热点中的热点。更重要的是，大批台商都带资金北上。在工作的这两年里，小王利用自己的关系为地方政府招商引资，从而进一步扩大了自己的人脉网络。

小王辞职后，在“苏州工业园区”担任高级顾问一职，虽然收入可观，但仍与他的目标相差甚远。顾问的工作主要是向那些有兴趣到大陆投资的台商宣传苏州，为他们介绍合适的项目，最终说服台商在工业园区投资设厂，并为他们争取尽可能多的优惠条件，从而在这里赚取到不菲的佣金。但是，要想胜任这种工作，首先要有深厚的人际关系。

这一点小王在很早的时候就有所准备。在他来大陆的第一年，小王就报名到人才聚集的清华大学念MBA，在这里他结交了很多企业老总和政府要员。他和苏州市一位副市长的交情就是从那个时候开始的。此外，小王是从台湾来的人，会讲台语，这给他帮了很大的忙。当与台商聚到一起时，大家都讲台湾话，从而拉近他与台商的距离，谈起合作项目时便显得比较容易。

就这样，小王渐渐成了很有名气的“热心肠”，经常会有新到的台商慕名找上门来，他也很乐意在这些人身上花费时间和金钱，因为这些人都将成为他人际关系网中的一员。

通过这些人脉关系，小王为工业园区陆续引进了几个大项目的投资。到后来，还兼任了好几个开发区的顾问。他名片上的顾问头衔每增加一个，收入就会增加一倍。

专家点评

人脉在很大程度上决定着一个人的财脉，善于经营人脉的人便是一个善于积累财富的人。为了能够用有限的资本创造出无限的财富，每个人都应该积极通过各种方式接触各个行业的人，从而扩大自己的人脉。有了良好的人脉关系，财富便会随之而来。

专家支招

（1）重视一切人脉关系，与人脉网中的成员保持联系。

（2）有意识、有准备地加入各个行业的圈子，和社会各行各界的名流人物建立关系。

做销售就是建立关系

埃尔默·莱特曼是美国销售界的传奇人物，1962年起每年他所做的人寿保险业务都能达到2.5亿美元之多。他的成功方法是："我不销售人寿保险，我只是建立联系，为大家创造一种社交机会，然后人们就来购买人寿保险。"

莱特曼最常做的有两件事。第一件事情是，每天他都在芝加哥最好的酒店订一桌酒席，邀请8个人与他共进午餐。莱特曼邀请的通常都是社会名流、官员、医生、著名记者、主持人、律师、经理人。美食不是最主要的，最重要的是让他们互相认识并且愉快地交流，久而久之能够出席莱特曼宴会就成为一种荣耀。出于对莱特曼的感激，这些名人的保险自然就是他水到渠成的工作了。第二件事是给各位朋友提供方便，让朋友的朋友们都能互相帮助。听说一个人要到某个地方去，他会提前通知那里的朋友，去机场或码头、车站迎接，并尽可能提供方便。

专家点评

销售就是去寻找一些人然后把东西卖给他们，这是一种人际关系，赚钱的钥匙就是多接触人。

你接触的人越多，你的准客户数目就会越多；准客户数目越多，销售成功的机会就越多，销售额就会越大。所以，销售的过程是从结识人开始的。销售大师总结的销售三部曲就是："由生人变熟人，由熟人变关系，由关系变生意。"

专家支招

（1）锁定目标客户群，与他们建立联系，发展人脉资源，增进友谊。

（2）销售员要给客户提供额外服务，从而使他们想要从你那里购买，并且把他们的朋友介绍给你。

250定律

乔·吉拉德进入推销行业不久，有一天，他去参加了一个朋友母亲的葬礼。天主教葬礼仪式进行时，通常都会向现场的参加者分发印有死者名字和照片的卡片，乔·吉拉德询问葬仪社的职员："怎样决定印刷多少张这种卡片呢？"

那位职员回答说："这得靠经验。刚开始，必须将参加葬礼者的签名簿打开数一数才能决定，不多久，即可了解参加者的平均数约为250人。"

然后，一位服务于新教徒葬仪社的员工向乔·吉拉德买车，待一切手续完成后，乔·吉拉德问那位员工每次参加葬礼的人平均有多少，他回答说："大概250人。"

又有一次，乔·吉拉德与妻子应邀参加一个结婚典礼，遇见那个婚礼会场的经营者，问他一般被邀参加结婚仪式的客人人数，他如此回答："新娘这边约250人，新郎那边估计也250人，这是个平均值。"

你也许会认为一个终日躲在家中的人，不可能认识那么多人。总之，250人只是个平均值。在每一个人的生活领域中，总会有属于自己的小天地，属于自己的人脉系统。也就是说，在每位顾客的背后，都大约站着250个人，这是与他关系比较亲近的人：同事、邻居、亲戚、朋友。这就是乔·吉拉德的250定律。

在求学时期，一般人最起码都会经过小学、初中到高中三个阶段。在这个过程中，不管是名列前茅的好学生还是流落在“放牛班”里的坏学生，都应该有同班同学或关系较好的死党。如果以每个人求学阶段可以认识40个同学来计算，三个阶段就已经有120条属于同学的人脉关系了，接着再加上自己的亲戚30人、朋友30人、师长30人、前后期学长与学弟30人、邻居20人、职场中的同事30人，或住家附近提供生活所需的商家……统计起来，早就超过250条人脉关系了。另外有人还会加入民间社团、宗教团体、学会、工会、商会等组织，这些都会增加自己的人脉关系。由此看来，每个人都应该有超过250条人脉关系。而且，随着年岁的增长，与人接触机会的增多，还会累积出更加丰富的人脉关系。

专家点评

每一个人最基本的250条人脉关系是最有效的人际关系法宝。我们绝对不可以轻视自己曾经拥有，以及目前已经拥有的这250条以上的人脉关系，如果想在这250条的人脉关系中得到更多的人力资源，必须先以其中一人为中心再向外扩张（因为除了和你重叠的部分以外，每个人都有不同的人脉资源），也就是借由这最初的250个人脉关系，寻找可以让你同其他人脉网搭上关系的桥梁，如此周而复始地推动，将每一个人的250条人脉紧紧地串联在一起，这也是推销界经常使用的推荐模式。

专家支招

（1）好好地保持和培养自己这250条以上的人脉关系，重新整理失散多年的人脉。

（2）从这250条的人脉关系中逐一向外扩张，可以得到更多的人脉资源。

（3）将250定律牢记在心，在任何情况下，都不要得罪哪怕是一个客户。

生命中的贵人

哈维·麦凯从大学毕业那天就开始找工作。当时的大学毕业生很少，他自以为可以找到最好的工作，结果却徒劳无功。好在哈维·麦凯的父亲是位记者，认识一些政商两界的重要人物，其中有一位叫查理·沃德。查理·沃德是布朗比格罗公司的董事长，他的公司是全世界最大的月历卡片制造公司。

四年前，沃德因税务问题而服刑。哈维·麦凯的父亲觉得沃德的逃税一案有些失实，于是赴监采访沃德，写了一些公正的报道。沃德非常喜欢那些文章，动情落泪地说，在许多不实报道之后，哈维·麦凯终于写出了公正的报道。

出狱后，他问哈维·麦凯的父亲是否有儿子。

“有一个在上大学。”哈维·麦凯的父亲说。

“何时毕业？”沃德问。

“他刚毕业。正好需要一份工作。”

“噢，那正好，如果他愿意，叫他来找我。”沃德说。

第二天，哈维·麦凯打电话到沃德办公室，开始，秘书不让见。后来提到他父亲的名字三次，才得到跟沃德通话的机会。

沃德说："你明天上午 10 点钟直接到我办公室面谈吧。"

第二天，哈维·麦凯如约而至。不想招聘会变成了聊天，沃德兴致勃勃地聊起哈维·麦凯父亲的那一段狱中采访。整个过程非常轻松愉快。

聊了一会儿之后，他说："我想派你到我们的'金矿'工作，就在对街——'品园信封公司'。"

在街上闲晃了一个月的哈维·麦凯，现在站在铺着地毯、装饰得富丽堂皇的办公室内，不但顷刻间有了一份工作，而且还是在"金矿"的工作。所谓"金矿"是指薪水和福利最好的单位。

那不仅是一份工作，更是一份事业。

哈维·麦凯在品园信封公司的工作当中，熟悉了经营信封业的流程，懂得了操作模式，学会了推销的技巧，积累了大量的人脉资源。这些人脉成了哈维·麦凯成就事业的关键。哈维·麦凯最终成为全美著名的信封公司——麦凯信封公司的老板。

专家点评

你所认识的每一个人都有可能成为你生命中的贵人，沃德，一个曾经身穿囚衣的犯人，都有可能成就一个人的人生和事业。做个有心人，随时随地注意开发你的人脉金矿！

人的一生不可能一帆风顺，挫折、背时是难免的。当人们落难的时候，远离而去的人可能从此成为路人；同情、帮助他渡过难关的，他可能记你一辈子。

专家支招

（1）要有这样一个信念：人脉关系无处不在。世界上每个人都能够成为你的朋友，这些朋友对你的价值有的是明显的，有些是潜在的。

（2）对很有可能东山再起的失势人士，不要疏远和冷漠。因为编织人际关系网，就像播种，你撒下的种越多，收获的可能性就越大。

维护好客户关系

在南方的某个城市，曾经有这样三位保险业务员，他们从属于同一家保险公司，而且不约而同地认识了有钱的张老板，三个人都想让张老板从自己这里购买保险。

第一位业务员费尽口舌，从张老板那里得到了 2 万元的保费，后来他象征性地看过张老板一次，就再也没有音信，因为他认为张老板不会再买保险了。

过了一段时间，第二位保险业务员也是费尽心机从张老板那里拿到了 3 万元保费。之后，她也曾打过一次电话，但只是礼节性的问候，再后来就失去了音讯。她也认为张老板不再需要购买保险了。

又过了一段时间，第三位保险业务员来了。通过交往，张老板发现这个人不错，于是准备在他这儿也购买 3 万元的保险。

这位保险业务员听了之后说 ：“我和你是朋友，你不一定非要买保险。再说，这样不大不小的单子，你已经与他们签了两个了，再加上一个小单子也没有什么意义。保险的事，我看还是以后再说吧。”

就这样不知不觉又过去了两个月，第三个业务员又来看望张老板。这一次，张老板开门见山地对他说 ：“你看我到底买多少保险合适？这段时间以来，我的情况你也了解了不少，你看多少合适就是多少，按你制定的方案购买。”

几天后，这位业务员拿着 30 万元的支票走了。后来，他仍然隔三差五地来看望张老板，终于有一天，张老板又说 ：“我厂里的职工情况你也熟悉，你看着给中层以上的领导干部做个养老计划，还有那些跟我一起创业的老工人，也帮他们做个计划！”

就这样，第三位业务员不仅从张老板那里获得了一张 100 万元的大订单，而且还被聘请为专职保险顾问。

专家点评

这个故事看起来有些传奇色彩，然而它却很生动地说明了维护好客户关系的重要性——不仅仅是在销售中，更重要的是在销售后。

很遗憾前两位业务员没有坚持做好这一点，所以他们各自都只拿到了一张小单子；而第三位业务员很认真地做好这些，所以他不仅拿下了两张大订单，而且还成为了张老板的专职保险顾问。

销售员在售后依然注重和客户的沟通与联系，会让客户在轻松愉快的环境中对销售员产生更多的好感和信任，接下来，客户有什么生意依然会交给你来做，成为你的一大人脉资源。

专家支招

（1）经常和老客户保持联系。

（2）有时候，销售员亲自登门拜访客户效果会更好，但要提前打招呼，顺便带些小礼品。

人脉比暂时的利益更重要

江苏的洪先生经营着一家服装厂，他主要是做出口生意，很少内销。洪先生常说：“眼睛只盯着钱的人做不成大买卖。买卖中也有人情在，抓住了这个人情，买卖也就成功了一半。”洪先生对此深有体会。

2000年，他的服装厂还是一个只有几十人的小厂，凭着质优价廉和勤劳苦干勉强在国际市场上混口饭吃。有一次，一个法国客商订购了50套西装，洪先生按照对方的要求包装完毕后运到码头准备发货，就在这时，这位法国客商却突然打来电话请求退货，原因是该客商对当地市场估计错误，这批货到法国后将很难销售。退货的要求是毫无道理的，洪先生大可一口拒绝对方，反正合同都已经签了。但经过两天的考虑，洪先生却决定答应对方的退货请求，因为对方答应支付包装、运输等一切费用。这批西装由于是外贸产品，在国内市场上应该可以销售得出去，所以洪先生等于没有什么损失。而最大的好处是他这样做等于帮助了法国客商，双方将建立良好的合作关系。

事情果然如洪先生所料，法国客商非常感谢洪先生的大度，表示以后在同类产品中将优先考虑洪先生的产品，他还不断向自己的朋友夸奖洪先生，为洪先生介绍了很多生意。就这样，洪先生以他富有人情味的生意经成功地在国际市场上站住了脚。两三年内，洪先生的工厂不断扩建，有600多名工人为他工作，他的生意越做越大。

专家点评

洪先生是非常聪明的，他清楚地认识到人缘对生意的重要性。如果当时他拒绝了法国客商的退货，那么虽然他做成了一笔生意，但却会损失这个客户。而答应退货要求表面上吃了点亏，但他却交到了一个朋友，孰轻孰重，明眼人一看就知道。

在现代商业社会，要生存要发展就必须具有较强的竞争力。人与人之间的竞争不仅包括才能、素质等方面，还与人际关系有重要的关联。有好的人缘，做起生意来就会得到众人的支持，在与对手的竞争中就会处于优势地位。而人缘差的话，在你困难的时候就得不到帮助，甚至还会有人乘机跳出来踩你两脚。所以说，人脉是评估一个人竞争力大小的标准。人脉好，在商场上的竞争力就强。

销售员也是如此，你要在乎的不仅仅是赚了多少钱，积累了多少经验。更重要的是你在销售产品的过程中认识了多少人，结识了多少朋友，积累了多少人脉资源。这种人脉资源是你宝贵的无形资产，别小看你平日里积累起来的人脉资源。它将是你终身受用的无形资产和潜在财富！

专家支招

（1）除了努力加强自己的才能外，平时还要注意搞好人际关系，让自己有个好人缘。

（2）要看到事物的本质，关键时候，交朋友得人缘比暂时得利益重要。

利用朋友的介绍信

法兰克·贝特格是美国著名保险推销大师。贝特格总是随身携带一些介绍信，信的内容是这样的：

亲爱的 ××：

我想你应该认识一下法兰克·贝特格先生。我认为他是费城最合格的人寿保险推销员。我非常相信他，并且依他的建议选购寿险。也许你没想过要买保险，但你不妨听听他那些富有建设性的意见，这对你和你的家人都有好处。

有一次，贝特格的一位搞建筑的朋友刚刚签了一份新合同。在报上看到消息后，贝特格就给他打电话约定了见面时间。贝特格按时来到他的办公室，对他的成功表示祝贺。朋友很惊讶，说："你祝贺我什么？"

贝特格说："刚从报上看到，你接了一幢大楼的兴建工程。"

朋友微笑着对贝特格表示感谢。

在听朋友讲完如何获得这笔业务的经过之后，贝特格问：“为了这次竞标，你是不是找了一些工程分包商？”

朋友的回答是肯定的。随后，贝特格就拿出那封信，对朋友说：“你已答应给分包商一部分工程，是吧？”

朋友看了看那封信，问贝特格是不是想让他签名，好拿这封信去找那些分包商。

贝特格肯定地回答了他，于是朋友毫不犹豫地签了名。

贝特格拿着朋友签名的信，逐个去找那些自来水管、暖气安装分包商，结果当然是获得了一笔笔数字可观的保单。

由于不能总是要求老客户专门为自己写信，贝特格就特意准备一些卡片，上面写着自己的名字，老客户只需在卡片上写好他要见的新客户的姓名，并签上老客户自己的名字就可以了。

专家点评

如果销售员能利用好自己已有的人脉关系，经有关人士推荐介绍前去拜访客户，至少有两种好处：一方面，销售员容易接近客户，不至于被拒绝，因为新客户如果拒绝销售员，就等于拒绝了自己的朋友；另一方面，对方对自己也多了一分情面，多了一分信任感，利于产品销售。

专家支招

（1）销售员一定要注意与朋友和客户经常保持联络。

（2）要想生意场上的朋友把自己的朋友介绍给你，首先要让对方信任你。因此，作为销售员在平时就要重信誉，讲信用，用实际行动赢得客户信任。

重视每一位小客户

乔·坎多尔弗在佛罗里达州刚刚开始保险推销生涯时，曾经向一位佛罗里达州南方学院的大学生出售过 1 万美元的人寿保险。在这名大学生参加工作时，坎多尔弗又卖给他 1 万美元的保险。从此，坎多尔弗一直保持着与这位大学生的联系，甚至在这位大学生搬到了托拉罕斯市之后，仍然与他保持着联系，或者写信，或者打电话。

一天，坎多尔弗突然接到了这位大学生打来的电话。原来，几年以前，这位大学生参加当地一位富翁举行的鸡尾酒会，一位参加酒会的宾客突然心脏病发作，倒在地上，抽搐不已。曾受过心肺机能复苏术（CPR）训练的大学生立即为其急救，才挽救了这名客人的生命。而这位客人是全美有名的大亨，他非常感激这位大学生，于是便邀请这位小伙子到他公司工作。

几年之后，这位富有的迈阿密企业家准备贷一大笔钱用于房地产投资。于是他向他的救命恩人询问："你认识一些与大保险公司有关系的人吗？我想贷点钱。"

这位大学生一下子就想起了坎多尔弗，便打电话给坎多尔弗说："坎多尔弗先生，我知道你是保险专家，能帮我老板一个忙吗？"

"什么忙？"坎多尔弗问。

"他想贷 2000 万美元的款用于房地产投资，你可不可以为他接洽一下你们的保险同行？"

"当然可以。"

"顺便说一下，坎多尔弗先生，"他补充说，"我的老板不希望任何本地人知道他的这一行动，这也是为什么他接受我推荐你的一个原因，因为你人远在湖地市。所以请记住，你得保守秘密。”

“我明白，这是我工作的一贯原则。”坎多尔弗解释说。

挂断电话之后，坎多尔弗便马上着手办这件事。不久以后，这位企业家便邀请坎多尔弗去迈阿密，在他的一艘游艇上会晤。当天，坎多尔弗就向他卖出了价值2000万美元的保险，以承保他那笔贷款。这是坎多尔弗踏入保险业以来的最大一笔生意，也使他得到了最丰厚的一笔佣金。

专家点评

其实，无论客户大小，都应一视同仁，都是重要的人脉。每一位都值得你去尽心服务。

有一些小事情不经过几年或几十年是不会看出它的价值的，小客户就是如此。他们所带来的价值虽不一样，但积少成多，而且可能会在意想不到的时候给你突然的惊喜。小客户有朝一日也会成功，因而会成为潜在的大客户。小客户可以介绍一些有钱人，从而带来大客户。

专家支招

重视小客户，向他们提供与大客户平等的服务。

即使客户不买产品也要感谢他

汤姆·霍普金斯是全美第一名的销售训练大师，世界房地产销售纪录保持者，他事业的成功来自于不断地开发新客户以及有效地保留老客户。他说：“你所见到的每一个人都有可能成为你的客户，为你带来财富，关键是你要如何争取到他。”

汤姆·霍普金斯常带着小卡片，这是他多年的习惯，他平均每天要寄5到10封感谢函给他认识的冠军业务员，给那些没有参加他们研讨会的人，给那些没有投资他们训练课程的老板，还有其他人。

一天寄10封感谢函等于一年要寄3650封，10年就是36500封，他说："我每寄出100封感谢函就能做成10笔生意。也就是每100名潜在客户在收到感谢函的情况下有10位会成为忠诚客户。把每次交易的平均收入乘上36，可以想象一下这项技巧在未来的12个月里最少可以为你带来多少收入。我想它会决定你是个赢家的。你只需要花3分钟时间，然后在每封感谢函上贴一张邮票，利用那些闲聊或是等人的宝贵时间，从今天开始做，虽然结果不会马上就发生。就跟你一生中会使用的所有成功方法一样，只有坚持才能成功。一天寄出10封感谢函，一个月就是300封，那足够让你一季有的忙了。"

专家点评

作为一名优秀的销售人员，不仅要感谢现在购买你产品的人，而且还要感谢没有购买你产品的人。你要感谢他抽出时间与你见面，感谢他能接听你的电话，感谢他听你介绍产品，感谢他让你知道了不买你产品的原因，让你找到你与别人的差距在哪里。

当你一直和那些潜在客户保持联络，他们需要你的产品时就会想起你。也许过了一段时间之后，你的竞争对手改行，他不能继续为你的潜在客户服务，你的潜在客户就会主动来找你。还有就是，当你的潜在客户与你的竞争对手发生了不愉快，不再愿意接受他们的服务时，你就成为了最好的替补人选。

专家支招

（1）记得感谢拜访过的每一位客户，哪怕他没有购买你的产品。

（2）和潜在客户始终保持联络。

成交后仍与客户保持联系

乔·坎多尔弗是世界推销大师，一年的销售额大大超过了绝大多数保险公司的年销售额，成为美国最富有的推销员之一，被尊称为“寿险推销大王”。

乔·坎多尔弗与他的客户始终保持着紧密的联系。成交之后，坎多尔弗会给他的客户写张条子或打电话恭贺他们。这会帮助他们排除购买后可能出现的后悔感觉；大部分的购买者喜欢在买过东西后，得到正面的回应，以确定他们买了最正确的产品。

坎多尔弗打电话给客户：“汤姆，我现在感谢您昨天订购我公司的产品，感谢有机会同您做买卖。如果有什么需要我帮忙的话，请给我打电话。”

坎多尔弗或是给客户写便条：“亲爱的约翰，祝贺您今天下午做出的对于您家庭生活保险的新决定。如果我今晚不祝贺您，就感到太晚了。这确实是建立未来美好金融规划的重要步骤。我希望我们的会面是今后长期持久联系的开始。再一次感谢您与我们做的生意，并盼望着您每件事的成功。”

坎多尔弗还定期寄给客户生日卡或圣诞卡。

有一次，有一位成功的企业家对乔·坎多尔弗说：“我十分喜欢你寄给我的卡片。”

“为什么？”

“因为你寄的卡片与其他人不一样。”

“有什么不一样？”

“每张卡片都有独特和亲切的人情味。”

此外，坎多尔弗会定期访问老客户，向他们了解目前的家庭状况和事业发展状况。

在这样的情况下，当然老客户们都会介绍别的合适客户给坎多尔弗；当客户有亲戚朋友要投保时，也都会首先想到他，从而推荐他。这使得坎多尔弗的客户源源不断。

坎多尔弗自豪地说，他一天 24 小时都在打电话，包括周末。他的做法打动了客户的心，也和顾客沟通了感情，客户源源不断。

专家点评

“成交后仍与客户保持联系”是优秀销售员拥有大量忠诚客户的法宝，因为如果不能随时与这些客户保持联系，那么销售员实际上是在白白浪费自己辛辛苦苦建立起来的客户资源——如果我们不积极主动地在成交之后继续与这些客户保持联系，自然会有其他竞争对手与这些客户展开进一步的联系，那我们在前期与其建立起来的友好合作关系就会淡化为零。

同时，既有的客户是一项很重要的人脉资源，尤其是在寿险行业中，你可以在每年客户交续期保费时，得到你应得的佣金；你也可以经由原来客户的介绍，得到更多的准保户。事实上，顶尖业务员 80% 的收入正是来自于客户推荐的准客户及后续的交易。

专家支招

（1）销售员对客户服务越周到，客户与其的合作关系就会越长久。

（2）让老客户满意，留下好口碑，才能有效地挖掘客户群。

共享人脉资源

有这样一对母子俩，儿子是汽车销售员，母亲是保险销售员。

有一次，儿子突然向一位文化名人成功销售了一辆汽车。一个礼拜后将进行车况检查，这位名人接到一个电话："××先生，您好。我是甘林的母亲，感谢您一个礼拜前向甘林买了一辆汽车。我今天打电话是要通知您，请您明天抽时间回车行进行汽车检查。"

这位母亲知道，大凡名人都很忙，一般不会随便接受别人的邀请。所以，她想借这位名人回车行的机会请他吃饭。

第二天，这位名人如约而至，检查车况后，这位母亲对他说："××先生，为感谢您的支持，已到午餐时间，我想请您一起坐一坐，我们也可以顺便聊一聊如何更好地维护好您的爱车。我想您不会拒绝一个做母亲的请求吧？"

文化名人盛情难却，接受了邀请。

席间，这位母亲说："像您这么成功的人士，一定会非常注意生活品质，一定需要一份完善的保障计划。我这里有一份保险计划书，请您留意看一下。"

这位文化名人面对对方的盛情，实难拒绝，不得不接过计划书。

几天后，这位母亲通过几次电话和亲自拜访，终于签下了一张保单。同样，这位母亲的儿子也以相同的方式向母亲的保险客户推销汽车。这就是人脉资源交换的有效运作。

专家点评

你的人脉网有多大？没有人可以限制你的人脉网到底有多大，它可以无限大，也可以无限小，唯有你自己可以决定。

如果你有一个人脉网，他也有一个人脉网，如果你和他互相交换，那么，你们各自都会拥有两个人脉网。这是扩展人脉资源的最有效方法。

专家支招

善于和朋友进行人脉互动，经常交换人际关系网，使自己的人脉无限扩大起来。

名片满天飞：开发人脉

在乔·吉拉德的汽车经营销售生涯中，名片可以说已经成为他所向披靡的有力“武器”之一。没有哪一位销售商的名片像他那样用得多、用得活、用得好。

不论何时何地，只要遇到了人，吉拉德的手就会立刻习惯性地伸进口袋里，然后掏出名片，送给对方，这样就把自己的身份留给了别人。

每次在餐馆吃饭后，吉拉德总是大方地多给一些小费，与此同时再放上两张名片。小费比别人多，自然就引人注意。看到名片，便知道“按图索骥”，好找他买车。

即使像在体育比赛的现场，吉拉德也不会忘记推销自己。他随身带着一万张名片，坐在最好的座位上，等候良机。一旦观众在为比赛出现精彩的场面而欢呼雀跃时，吉拉德便大把大把地将名片向观众席上抛洒出去。

这时候，人们就会把注意力从运动员那儿转到他的身上。顿时，吉拉德成了被观众唱彩的“主角”。

哪里有吉拉德，哪里就会有他的名片，它像影子一样紧紧地跟随着自己的主人。这位销售大师说得好：“生意的机会无处不在，无时不有，遍布于每一个细节之中。要使别人了解你，知道你所做的事，请用好你的名片。”

专家点评

每一位销售员都应设法让更多的人知道你是干什么的，销售的是什么产品。这样，当他们需要销售员的产品时，就会想到你。

客户在购买产品前，首先要对销售员本人有一定的认可度，只有他认可了销售员，才有可能认可销售员所销售的产品。所以，一位优秀的销售人员不只要研究如何销售产品，更要研究在销售产品之前如何销售自己。

散发名片是销售员销售自己的第一步，是组建人脉网的开端。人人都是潜在客户，如果你让他们知道你在哪里，你卖的是什么，你就有可能得到更多的销售机会。

专家支招

（1）销售员要在同行中建立自己的知名度，就不要吝啬名片，先用名片打入客户市场。

（2）不要随意涂改名片，保持名片干净整洁。

为拜访准备素材

戴维·考珀是世界上最成功的保险营销大师之一，1957年他从苏格兰移民到加拿大，但在1958年开始自己的保险生涯时，他已经接近破产，并且举目无亲，根本没有现成的人际网络。

他首先参加了两个志愿者组织：一个是蒙特利尔医学协会的生命工程计划，用电话与医生们联系，吸收他们加入这个组织，帮着登记报名。另一个是市政规划小组，负责调查城市的建设活动。

这样，他把自己融入了两个不同的群体：一个是医生，一个是房地产商。为这两个群体工作，使他清晰地了解到医生和房地产商是如何工作、如何理财的，而且考珀对他们的生活习性和个人爱好也有所调查。

考珀这样做就是为他日后的拜访准备素材。当然不是他自己的，而是医生的素材，是房地产商的素材。

考珀去拜访医生，会首先与对方谈及他的老同学的近况：是开了私人诊所，还是在某个大医院做教授？其次谈及他的爱好：在上医科大学时，这位医生曾是游泳健将。如果考珀去拜访房地产商，就会与对方谈及工程进度、贷款状况、房产的销售及资金的周转。

这样一来，考珀和他们都有话可谈，而且能交谈顺利，获得大量的人脉资源。

专家点评

隔行如隔山，如果销售员没有做过医生，就不了解医生是如何生活的；

没有做过房地产，也不会了解房地产商最关注的是什么，交往时也就不能和他们产生共鸣。

因此，销售员在拜访客户前，如果事先深入了解这一行业，在和客户交往时就能设身处地地站在对方的立场上思考，最终和他们成为朋友，获取这些行业中的人脉资源。

专家支招

（1）事先对客户及客户的职业要有一定的了解。

（2）人以群分，销售员要想融入到客户中就要先融入到客户的行业中。

学会建立自己的人脉

美国一家著名的直销公司要派一位精明能干的业务员去开拓一个新市场，可是公司没有一个人在那个地方有人脉。这时有一个刚到公司的叫杰克的小伙子向经理请求去新的市场。

杰克上了飞机就开始向空姐咨询那个城市的情况，还很快和空姐成为了朋友，空姐把男朋友的电话给了杰克。杰克又和座位两边的乘客攀谈，并成为了好朋友。由于杰克开朗热情、乐于助人，当他下飞机的时候，手上已经有了十几个电话号码。杰克住进宾馆后，很快又和服务员、值班经理成为了朋友。

这样，杰克拥有了一批人脉资源。经过两个月的努力，杰克的销售业绩让总公司非常吃惊，总公司破格提拔他为区域销售经理。

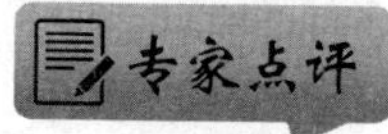

人脉在销售中的作用是很重要的，可我们每一个人的家人、亲戚、朋友都是有限的，而销售是无限的。

作为一个优秀的销售人员，要想取得骄人的战绩，就必须学会建立自己的人脉。你生命中的每一个人都能成为你的人脉，销售员能否以自己热情开朗的气息感染身边遇到的人是最关键的问题。只要有心，朋友是无处不在的。

专家支招

（1）积极的心态、热情开朗的性格、乐于助人的品格以及坚强不屈的意志力是建立人脉的内在因素。

（2）要交良师益友，不交酒肉朋友，这是销售员建立人脉的外部保证。

将人脉网随身带走

小 A 曾在一家服装店工作两年时间。后来因为与老板发生一些不愉快，愤而辞职并决定自己开一家服装店。但小 A 为没有资金而苦恼不已，虽然过去为别人打工，工资也不低，可除去日常开支就所剩无几。

所幸，小 A 一直和工作中结识的朋友有往来，于是他找到在工作期间认识的朋友，这些人有些是供货商，有些是曾光临过服装店的顾客。小 A 在过去与这些人的交往中关系处得很好，因此，这些供货商和顾客在他独自创业时，都愿意帮他一把。

这样一来，小 A 很快就筹集到了资金，又有固定的供货商和客源，生意也很好，越做越大。

专家点评

换工作时，人们往往关心是否可以留住退休金及医疗福利；也有人换了工作后就对以前的人脉置之不理，但是不管你从事什么新行业，都要和人打交道，都是人脉关系的行业。

在工作时建立、整理的人脉网是最重要的，有些人在换工作时，忽略了它，这将是笔很大的损失。在这个资讯、工作甚至所有公司都变化无常的世界里，只有你的人脉网才是永远属于你的，一定要好好维护它。

专家支招

（1）在工作中要处理好人际关系，广交朋友。

（2）有的公司将业务员的电话资料视为公司资产，所以，业务员最好将客户资料留个备份。

（3）将人脉网随身携带，不忘保鲜，经常保持联系。

充分利用已有的人脉关系

小王是一个销售新手，为一家公司推销日用化妆品，可他刚开始不熟悉客户，每天漫无边际地瞎跑，还是碰了一鼻子灰，销售任务完不成。一天，他又在推销，进入一家商店，正好碰上了以前的中学同学小张。

“小王，小王。”

小王听了两声才反应过来：“唉，原来是小张呀！”

“小王，你这么忙，提着这些干什么，也做倒爷？”

“唉，别提了，什么倒爷！我在为一家公司搞推销，是些日用化妆品。这些天效果不是太好。”

“来，让我看看。咦！蛮不错的嘛！我正好认识一个人，他是 ×× 百货公司化妆品部经理，我给你写封推荐信，他一定要。像这样价廉物美的产品，市面上已不多见了。”

“老同学，真有你的，如果早些碰到你多好。成交之后，提成我们平分，不，六四分，你六我四。”

“老同学，不用了，到时请我到大三元吃一顿足矣，赶快去吧！”

小王高兴极了，拿着信，把准备工作做得井井有条，极为礼貌地与经理谈妥，订了货，也建立了良好的关系，又多了一个好客户。

专家点评

中国有句话叫“好风凭借力，送我上青云”。我们从中可以得到一个启示：一个人在事业上要想获得成功，除了靠自己的努力奋斗之外，有时还需要借助他人的力量，才能平步青云。这里的“力”指的是他人之力，如亲戚、朋友、同学等的地位、名望、财富或权力等；而“青云”则是指通过别人的推荐介绍所能获得的好处。

每个人都有自己的关系网，也许你的朋友与其他对你很重要的人关系很不错。这时，如果有朋友的介绍，销售员就可以认识更重要的关系，获得更关键的资源。

专家支招

（1）销售员们一定要注意与朋友和客户经常保持联络。

（2）平时与朋友交往，待人要真诚，目光放远，不因小事破坏了关系。

如何开口请老客户帮忙介绍新客户

珠珠是一家健身俱乐部的电话营销人员，她的主要工作就是通过电话推广健身会员卡。该公司共有15组电话营销团队，每组10人。在珠珠刚加入公司时，她所在团队的整体业绩排在最后一名，在她工作三个月后，该团队业绩就上升到了第一名，她个人业绩也排在全公司第一名。

实战电话营销专家李向阳专程约了珠珠，并直接要求她分享她的成功经验。珠珠毫不掩饰地透露了她的秘密：每个月的前20天寻找新客户，后10天挖掘老客户。

她举了一个挖掘老客户的例子：

珠珠："王先生，您好！我是珠珠，最近在忙什么呢？"

王先生："珠珠啊，你好，你好，最近出了趟差，刚回广州。"

珠珠："怪不得我这几天都没看到您来我们这锻炼身体了，出差挺辛苦的，什么时候到我们这放松一下？"

王先生："明天我就约几个朋友过去打网球。"

珠珠：" 您的朋友都有我们的会员卡了吗？"

王先生："哦，想起来了，他们还没有呢。"

珠珠："那赶紧给他们办呀。"

王先生："如果我同时办三张，你们有没有优惠？"

珠珠："同时办三张没有优惠，俱乐部规定同时办五张可以打8折。"

王先生："我只有这三个要好的朋友，买多了也是浪费呀。"

珠珠："请问王先生，您平时除了运动之外，还有其他爱好吗？"

王先生："偶尔和几个朋友打打牌什么的。"

珠珠：“打牌赌钱吗？”

王先生：“我们都玩得很小，还谈不上‘赌’字。”

珠珠：“您抽烟吗？”

王先生：“抽烟啊！”

珠珠：“这还不简单，省下您买烟和打牌的钱就可以多买我两张卡了。以后就不要打牌了，有时间就直接到我们这锻炼锻炼身体，我这就给您办啦，您明天带朋友过来就可以立即拿卡了。”

王先生：“好哇，我说不过你，要不你到我公司来上班吧，怎么样？”

珠珠：“谢谢王先生，我现在到您公司去还不是时候，等到有一天，我在这家公司把本领炼到炉火纯青时，再到您公司去才有价值呀。说好了，您明天一定要过来哦，我已经给您申请了五张年度卡，每张卡打 8 折，共 8000 元，明天直接过来拿就 OK 了。”

王先生：“好吧。”

专家点评

这是一个典型的依靠关系销售的例子。珠珠在与老客户通电话时，首先以闲聊的方式开始，让客户感觉销售员是在关心自己，而不是向自己推销东西。然后她在不知不觉中就把谈话转移到自己的业务上来，成功推销出 5 张健身卡。

“每个月的前 20 天寻找新客户，后 10 天维护老客户。”作为一个销售员，应该明白这么一个道理：老客户才是自己真正的衣食父母，与他们保持良好的关系，和他们交朋友，是巩固和提高自己销售业绩的一条捷径。

对于销售员来说，只有在稳定老客户的前提下，对新客户的销售才是锦上添花。更重要的是，一个老客户，不仅他自己会购买你的产品，而且还有可能推荐他的朋友们购买你的产品。

专家支招

（1）销售员要想获得好的销售业绩，既要开发新客户，还要注意保持与老客户的良好关系，挖掘他们的需求。

（2）开口让老客户介绍新客户不能太直接，找一个表示关心的话题，适时转移到业务上来。

利用潜在客户的人际关系拿订单

赵明是平安保险的销售员，他通过一个老客户得到了李先生的电话，并了解了一些客户的资料。

赵明："李先生，您好，我是平安保险顾问。昨天看到有关您的新闻，所以，找到电视台里的老客户，得到您的电话。我觉得凭借我的专业特长，应该可以帮上您。"

李先生："您是谁？怎么知道我的电话号码？"

赵明："平安保险，您听说过吗？昨天新闻里说您遇到一起交通意外，幸好没事了。不过，如果您现在有一些身体不适的话，看我是不是可以帮您一个忙。"

李先生："到底谁给你的电话呢？你又怎么可以帮我呢？"

赵明："是我的客户，也是您的同事 ××，一起主持过节目。她说您好像有点儿不舒服。我们公司对您这样的特殊职业者有一个比较好的综合服务，我倒是可以为您安排一个半年免费的。如果这次意外之前就有这个服务的话，您现在应该可以得到一些补偿。您看您什么时候方便，我给您送过来。"

李先生：“哦，是 ×× 给你的电话啊。不过，现在我很忙，连续几星期都要录节目。”

赵明：“没关系，下周一我还要到台里，还有两个您的同事也要我送去详细的说明。如果您在，就正好；如果您忙，我们再找时间也行。但是，难免还会有意外，如果出意外没有保障就不好了。”

李先生：“你下周过来找谁？”

赵明：“一个是你们这个节目的制片 ××，一个是另一个栏目的主持。”

李先生：“周一我们会一起做节目，那时我也在。你把刚才说的那个什么服务的说明一起带过来吧。”

赵明：“那好，我现在就先为您申请一下，再占用您 5 分钟，有 8 个问题我现在必须替您填表。我问您答，好吗？”

随后，就是详细的资料填写，赵明成功地与客户签订了一年的保险合约。

专家点评

当销售员初次与潜在客户接触时，利用潜在客户周围的人际关系往往更容易获得订单。这个案例就是一个通过潜在人脉关系拿订单的电话营销案例。

一般人都会有从众心理，看到周围的人购买了产品自己再去买就会有一定的安全感。销售员向潜在客户暗示他的朋友对产品的认同，就能获得客户的信任与合作。

专家支招

（1）对某个行业的人销售产品时，应该要多寻找客户，获得较多的行业内的人脉资源，扩大自身的影响。

（2）销售员在利用潜在客户周围人的影响力时，一定要有所准备，事先制定详细的谈话步骤。

创意贺卡维系人脉关系

寄生日卡及纪念卡是很常见的事，但有一位销售经理寄出的贺卡就是不一样，他的贺卡总是别具一格。他绝不说陈腔滥调的客套话，他写的话都十分切中要点，还会正确提及收件者与他最近一次联系的时间。比如，内容可能会是："我永远不会忘记和你在 15 日见面时，一起大骂今年政坛腐败事件时的畅快。"

他怎么可能在几个月后，还可以将日期与谈话内容记得如此一清二楚呢？

他真有这么好的记忆力吗？不是的，他的秘诀是不管何时，只要他一遇见某个人，就立即写好卡片和信，然后收藏起来，等到节日或客户的纪念日来临时再寄出去。多年来他都用同样的方法，维系了广大的人脉资源。

专家点评

在节日来临时，很多商家都会给客户寄送贺卡，这已经成为很平常的事情，甚至让人觉得只是程序化的模式。因此，怎样使贺卡新颖独特，从而深入客户的心是更重要的问题。

销售员给客户贺卡不仅仅是向客户表示购买产品的感谢，更要让客户感受到你对他的深刻印象，因为人都喜欢被人重视。当客户受到了感动，和你的关系会更进一层，他就会替你传播好名声，这样，你的人脉关系会更稳更广。

专家支招

（1）寄贺卡一定要有始有终，经常打问候电话以确定地址是否变更。

（2）要知道一些对客户具有特殊意义的日子，比如生日、结婚纪念日等。

第三章

多一点人情味，就多一点成交的机会

美国一位著名的推销员指出："推销的98%是对人的理解，2%是对产品知识的掌握。"只有理解了自己的推销对象，才能有效地推销产品。推销的工夫在推销之外，也就是那些被称为人之常情的事情。

人都是有血有肉的感情动物，要学会用情感打动客户。人情是推销的基础，多一点人情味，就多一点成交的机会。

爱心感动

安娜是一家证券公司的销售员，她经常去拜访一位老太太，打算以养老为理由说服老太太购买债券，为此，她常常与老太太聊天，陪老太太散步。

经过一段时间，老太太已经离不开她了，常常请她喝茶，或者和她谈些投资的事项。然而不幸的是，老太太突然死了，安娜的生意泡汤了，但她仍然参加了老太太的丧礼。当她抵达会场时，发现竞争对手——另一家证券公司竟也送来两只花圈，她很纳闷："究竟是怎么回事呢？"

一个月后，那位老太太的女儿到安娜服务的公司拜访安娜，原来她是另一家证券某分支机构的经理夫人。她告诉安娜："我在整理母亲遗物时，发现了几张您的名片，上面还写着一些十分关怀的话，我母亲很小心地保存着。而且，我以前也曾听母亲谈起过您，仿佛与您聊天是生活的快事，因此，我今天特地前来向您致谢，感谢您曾如此关怀我的母亲。"

夫人深深鞠躬，眼角还噙着泪水，又说："为了答谢您的好意，我瞒着丈夫向您购买贵公司的债券……"然后拿出40万现金，请求签约。对这种突如其来的举动，安娜大为惊讶，一时之间，无言以对。

这是发生在销售界千真万确的事情，只是来得太意外。没有无声润物的情感培育和交流，设身处地地为他人着想，怎能促使他人欣然接受你的产品销售呢？

专家点评

这个销售员一直去拜访那个老太太，起初的目的肯定是为了自己的业务。但是随着交往的深入，她和客户之间建立了友谊。虽然老太太没有买她的债券就突然死去，可是她的女儿却因为感激而购买了。作为一个销售员，要想做出成绩来，只有真心对待每一位客户，才能享受到最后的成功。同时，这个故事也说明了一个营销中的简单道理：有爱心，你才能感动“上帝”。

专家支招

对客户多点人情关怀，多付出一点爱心，你会得到应有的回报。

麦凯先生的办法

哈维·麦凯是一家信封公司的老板，有一次去拜访一个顾客，那个经理一看他就说：“麦凯先生，你不要来了，我知道你很有名，我知道你很成功，很有钱，但我们公司绝对不可能和你下信封的定单。因为我们公司的老板和另一个信封公司老板是25年的深交，而且你也不用来拜访我，因为有43家信封公司的老板曾拜访过我三年，所以麦凯先生，我建议你不要浪费时间。”

麦凯先生有的是办法，独特的办法。有一次他发现这家公司采购经理的儿子很喜欢打冰上曲棍球，他又知道他儿子崇拜的偶像是洛杉矶一个退休的伟大球星，后来发现这个经理的儿子出车祸住在医院。这时麦凯觉得机会来了，他去买了一根曲棍球杆让球星签名送给这个人的儿子。

他来到医院，这个人的儿子问他你是谁，他说我是麦凯，我给你送礼物。你为什么送给我礼物？因为我知道你喜欢曲棍球，你也崇拜这个球星，这是一根他亲自签名的曲棍球杆。这个小孩兴奋得脚也不疼了，要下床来。

结果他的父亲来医院发现儿子好兴奋，整个人都变了，不像原来那样垂头丧气、面无表情。他问儿子怎么回事，儿子说刚才有一个叫麦凯的人送了我一根曲棍球杆，还有球星签名。

结果可想而知，这个采购经理和麦凯签了400万美金的定单。

专家点评

信封是便宜的东西，他竟下了这么大的定单。显然，成功有不同的方法，有不同的思维模式，世界上没有卖不掉的产品，只有不会卖的人。

作为一个营销人，首先要有一种投其所好、肯为别人着想的智慧。因为当一个人最迫切的需求难以得到满足时，突然有人慷慨相助，他必定要寻求一种回报，以平衡内心受惠后的感激之情。

专家支招

（1）要善于洞察人心，多站在别人的角度思考问题。

（2）正面如果难以突破，可以侧面进攻。

成功销售，情感先导

保险销售员华特通过朋友介绍来到一家大公司。当他进入董事长室坐下不久，女秘书便从门口探头对董事长说：“不好意思，今天没有邮票。”

“我那12岁的儿子正在收集邮票……”董事长向华特解释。

华特直截了当说明来意，可是董事长却闪烁其词，一直不愿涉入正题。华特见此情景，只好知趣地匆匆离开。

回家以后，华特想起那位女秘书向董事长说的话——“邮票和12岁的儿子”，同时也联想起他服务的保险公司，每天都有来自世界各地的信件，自然也就拥有许多国家的邮票，于是心中便有了计划。

第二天下午，华特又去找那位董事长，说自己是专程给他儿子送邮票来的。董事长热情地接待了他。接过邮票，董事长面露喜色，就像得到宝贝似的自言自语：“我儿子一定会欣喜若狂，真是太棒了！”

董事长和华特谈了 40 分钟有关集邮的知识，又让华特看他们全家的合影。后来，没等华特开口，他就主动提出了保额的事，最后他不但给全家买了保险，还打电话把华特推荐给他的各界朋友。区区几张邮票让华特获得了推销以来最好的业绩。

专家点评

“客户用情感购物，用理智判断得失。”在销售时销售员要发现客户的敏感点，激发客户的兴趣，触发客户的情感，以促成交易。

人们常说：要讨母亲的欢心，莫过于赞扬她的孩子。一些聪明的销售员常常利用孩子在办事过程中充当沟通媒介，一桩看似希望渺茫的事，经过孩子的起承转合，反倒迎刃而解。

专家支招

（1）想办法帮客户的忙，送客户人情。

（2）销售员不要忘了孩子也可以充当沟通的媒介。

售楼小姐的峥嵘岁月

小何刚到一家房地产公司时，业绩为零，工作完全无法展开。

终于某天，有一位老先生嫌市区吵闹，空气不好，打算在开发区买一套房老两口住，但他在多家售楼公司中摇摆不定。

这位老先生的老伴得了胃病，这给了小何一个突破口。她首先以追踪反馈信息的名义上门，但只和他们谈些保健知识，说自己做中医的父亲治疗胃病很有一套，老太太便让小何帮忙。当晚小何便打电话给父亲，让他提供一个治疗胃炎的偏方。父亲说用猪肚子、白节藕等炖汤喝有特效。

第二天，小何买了炖汤的食材给老太太送上门，第三天一早，又买了新鲜猪肚子送去。此后，每隔 4 天小何就送一副猪肚子去，丝毫不提房子的事情。到第五次上门的时候，两位老人拉着小何说："闺女呀，今天下午我们一起签购房合同吧。"

从此，只要是从小何手中购买商品房的客户，她都尽其所能地予以帮助。有付出就有回报，他们也十分关心小何，主动为小何提供信息，介绍买主，小何的销售业绩直线上升，居于所有同事之首。

专家点评

现代社会的人仿佛对推销越来越反感，而且"推销免疫力"也在不断增强。如果你的销售工作一上来就给人一种扑面的推销氛围，那么效果往往会适得其反。

人情社会，人情是最复杂、最微妙的一种感情。

人都是有血有肉的感情动物，客户也是如此，客户可能不光在比较你的产品，更是在考察你的人品，所以要学会用情感去感动客户。

专家支招

（1）多一点人情味，少一点推销的感觉。

（2）对于客户的困难，要尽你所能给予帮助。

小礼物促成大生意

乔·吉拉德被誉为世界上最伟大的推销员，他在 15 年中卖出 13000 辆汽车，并创下一年卖出 1425 辆（平均每天 4 辆）的纪录，这个成绩被收入吉尼斯世界纪录。那么你想知道他推销的秘密吗？他讲过这样一个故事：

记得曾经有一次，一位中年妇女走进我的展销室，说她想在这儿看车打发一会儿时间。闲谈中，她告诉我她想买一辆白色的福特车，就像她表姐开的那辆，但对面福特车行的推销员让她过一小时后再去，所以她就来这儿看看。她还说这是她送给自己的生日礼物："今天是我 55 岁生日。"

"生日快乐！夫人。"我一边说，一边请她进来随便看看，接着出去交代了一下，然后回来对她说："夫人，您喜欢白色的车，既然您现在有时间，我给您介绍一下我们的双门式轿车——也是白色的。"

我们正谈着，女秘书走了进来，递给我一打玫瑰花。我把花送给那位妇女："祝您福寿无疆，尊敬的夫人。"

显然她很受感动，眼眶都湿了。"已经很久没有人给我送礼物了。"她说，"刚才那位福特推销员一定是看我开了一部旧车，以为我买不起新车，我刚要看车他却说要去收一笔款，于是我就上这儿来等他。其实我只是想要一辆白色车而已，只不过表姐的车是福特，所以我也想买福特，现在想想，不买福特也可以。”

最后她在我这儿买走了一辆雪佛兰，并写了一张全额支票，其实从头到尾我都没有劝她放弃福特而买雪佛兰。只是因为她在这里感受到了久违的人情味，感到受重视了，于是放弃原来的打算，转而选择了我的产品。

专家点评

优秀的销售人员关注客户而非产品本身，他们在销售之前往往会站在客户的角度来考虑问题，将心比心、感同身受。这与拙劣的销售人员只顾向客户推销产品而不站在客户的角度去考虑是否真正需要是完全不同的。优秀的销售人员理解客户关注的并不是所购产品本身，而是关注通过购买产品能获得的利益或功效。

在销售过程中，我们每个人都会自我感觉良好，但是能让客户也这么想同样重要。要达到此目的，销售人员就要成为一个人际专家，把各种人情关系都理顺理通，这样成功的销售就会在眼前了。

专家支招

（1）尊重客户，首先要有热情的服务态度。温馨、人性化的服务可以带给顾客愉悦的感觉。

（2）让客户满意只是第一步，更重要的是让客户感动。

人情促销

乔·吉拉德招待顾客驾轻就熟，得心应手。那些和他打过交道的顾客对他的热情非常欣赏，同时他们深知吉拉德真正关心他们以及他们的家人。

当有顾客走进吉拉德的办公室时，他做的第一件事就是送给顾客一枚圆形纪念章，上面印着一个苹果并写有“我喜欢你”几个字。有时，来的顾客带了孩子。吉拉德也会给他们的妻子和小孩一人赠送一个。并且，孩子们还会得到一种心形的气球，上面写着“乔·吉拉德让你满意而归”。

吉拉德这样解释自己的做法：“你知道，大家都喜欢对自己的孩子友善的人。我常蹲下来对孩子们说：‘嘿！你叫什么名字？啊，吉米，你好呀，这小孩真乖。’接着，我仍然蹲在地上，与小吉米一起爬到我的柜子那儿，这时他的父母一直在瞧着这一幕。‘吉米，我这儿有好东西给你。瞧瞧是什么好东西！’我把手伸进柜子抓出一把棒棒糖，告诉孩子：‘现在，吉米，你拿一个棒棒糖，剩下的妈妈拿着。这是气球，气球爸爸拿着。好，我跟爸爸、妈妈谈话时你要乖乖的，别闹。’整个这段时间我都是蹲在地上的。这些都是人情，也是推销的一部分。顾客怎能拒绝一位和他的孩子趴在地上玩的人呢？”

如果一位顾客把手伸进口袋找烟，吉拉德就会让他等会儿，赶紧从自己的柜子里拿出 15 种牌子的香烟来，问顾客说：“你抽哪种？”如果顾客回答是“珀莫”，吉拉德就找出这种烟来，并当着顾客的面把烟打开，给他点上火，然后把那包烟塞进他的口袋。如果顾客问他：“多少钱？”吉拉德就说：“别傻了。”为什么这样做呢？这是让顾客欠自己的人情。

吉拉德在办公室里还有一个放酒的柜子。很多次做生意时都会遇到顾客说："看上去这笔交易不错，乔，但是，我想我得找个酒吧，好好想想。"

这时，吉拉德就笑了："对，我要做重大决定时也需要喝一杯。你喝什么？布朗先生。"他从来不说："你要喝一杯吗？"因为不管他喝什么，只要报出名字，吉拉德立刻能从柜子里拿出来。

吉拉德总是拿出两个瓶子来，一瓶给对方，一瓶给自己。自己的瓶子里装的是带颜色的水。这是第一条原则：永远别在上班时喝酒。酒不仅会使自己嘴里喷出酒气，还会使自己的思维变得迟钝。谁会跟一个酒气熏天的人打交道呢！但是，吉拉德还必须跟这位顾客干一杯，他知道要不跟顾客喝，他就不干，好多人都是这样。

"伙计，多亏你想到了酒。我也需要来一杯。为你的健康和你的家庭干杯！"吉拉德一口喝下自己手中的那杯水，顾客也把酒一饮而尽。喝完了酒，吉拉德就趁热打铁："布朗先生，跟我做生意保你满意。来，把这份表格签了吧，好吗？这儿，布朗先生。"事已至此，一杯酒下肚的顾客怎么可能再拒绝呢？

专家点评

顾客不仅来买产品，而且还买态度、买感情。销售员只要给客户一点点的人情礼物，都会使客户觉得你付出了额外服务，有所亏欠。这样，他欠你一份情，以后有机会他可能会来还这笔债，而最好的还债方法就是购买你所销售的产品。

专家支招

（1）要成功地进行人情促销，第一，产品要让用户愉悦；第二，不能采用推销的方式与客户沟通；第三，要设法让你的客户相信你，喜欢你。

（2）销售员可以经常给客户发发信息，打打电话，节日送点礼物，生日送点惊喜等，但要记住人情礼物应当相对便宜些，不要让客户有太大压力。

热情对待每一个人

在一个炎热的午后，有位穿着汗衫，满身汗味的老农夫，伸手推开厚重的汽车展示中心玻璃门。他一进入，立刻迎面走来一位笑容可掬的柜台小姐，很客气地询问老农夫："大爷，我能为您做什么吗？"

老农夫有点腼腆地说："不用，只是外面天气热，我刚好路过这里，想进来吹吹冷气，马上就走了。"

小姐听完后亲切地说："就是啊，今天实在很热，气象局说有 32 摄氏度呢，您一定热坏了，让我帮您倒杯水吧。"接着便请老农夫坐在柔软豪华的沙发上休息。

"可是，我们种田人衣服不太干净，怕会弄脏你们的沙发。"

小姐边倒水边笑着说："有什么关系，沙发就是给客人坐的，否则，公司买它干什么？"

喝完冰凉的茶水，老农夫闲着没事便走向展示中心内的新货车东瞧瞧，西看看。

这时，那位柜台小姐又走了过来："大爷，这款车是新上市的，要不要我帮您介绍一下？"

"不要！不要！"老农夫连忙说，"你不要误会了，我可没有钱买，种田人也用不到这种车。"

"不买没关系，以后有机会您可以帮我们介绍啊。"然后小姐便详细耐心地将货车的性能逐一解说给老农夫听。

听完后，老农夫突然从口袋中拿出一张皱巴巴的白纸，交给这位柜台小姐，并说："这些是我要订的车型和数量，请你帮我处理一下。"

小姐有点诧异地接过来一看，这位老农夫一次要订8台货车，连忙紧张地说："大爷，您一下订这么多车，我们经理不在，我必须找他回来和您谈，同时也要安排您先试车……"

老农夫这时语气平稳地说："小姐，你不用找你们经理了，我本来是种田的，由于和人投资了货运生意，需要买一批货车，但我对车子外行，买车简单，最担心的是车子的售后服务及维修，因此我儿子教我用这个笨方法来试探每一家汽车公司。这几天我走了好几家，每当我穿着旧汗衫，进到汽车销售公司，同时表明我没有钱买车时，都会受到冷落，让我有点难过……只有你们公司知道我不是你们的客户，还那么热心地接待我，为我服务，对于一个不是你们客户的人尚且如此，更何况是你们的客户……"

专家点评

人是感情动物，每个人都希望别人热情地对待自己。在销售过程中，销售员要用友好热情的品质赢得客户的充分信任。

不是有句话说客户就是上帝吗？无论客户是什么阶层的人，一旦他走到你的店里，他就是你的上帝，需要的就是你的服务和热心。也许有的客户不太习惯销售人员对他们太过热情，但绝对不会喜欢一个表情冷漠的销售人员。

专家支招

（1）销售员的热情应当是诚挚的、自然的、发自内心的。

（2）不要以貌取人。

乔·吉拉德的问候

乔·吉拉德是世界上最著名的销售大师。在销售史上，他独创了一个巧妙的销售法，被世人广为传颂。

乔·吉拉德创造的是一种有节奏、有频率的“放长线钓大鱼”的销售法。他认为所有已经认识的人都是自己潜在的客户，对这些潜在客户，他每年大约要寄上12封广告信函，每次均以不同的色彩和形式投递，并且在信封上尽量避免使用与他的行业相关的名称。

1月，他的信函是一幅精美的喜庆气氛图案，同时配以几个大字“新年快乐”，下面是一个简单的署名：“雪佛兰轿车，乔·吉拉德上。”此外，再无多余的话。

2月，信函上写的是：“请您享受快乐的情人节。”下面仍是简短的签名。

3月，信中写道：“祝您圣帕特里克节快乐！”让爱尔兰人怦然心动。

然后是4月、5月、6月……

不要小看这几张印刷品，它们所起的作用可不小。很多客户一到节日，往往会问夫人：“过节有没有人来信呢？”

“乔·吉拉德又寄来一张卡片！”

这样一来，每年中就有12次机会，使乔·吉拉德的名字在愉悦的气氛中来到这些家庭。

乔·吉拉德没说一句让客户购买汽车的相关话语，但这种“不说之语”，不谈销售的销售，反而给人们留下了最深刻、最美好的印象，等到他们打算买汽车的时候，往往第一个想到的就是乔·吉拉德。

专家点评

商业与人情味始终密不可分，商业排斥人情味，但又需要人情味。

销售的关键不是销售产品，而是销售自己。一封贺卡信函不仅仅是传统的祝福方式，也是企业及个人推销自己、展示自己的重要方式。

专家支招

（1）缺乏人情味是销售员销售工作的大忌。

（2）销售员要经常保持和客户的联系，节假日的贺卡、短信是很自然的方式。

真诚关怀客户

美国著名推销员弗兰克·贝特克，曾使一个拒人于千里之外的老人捐出了一笔巨款。

有一次，为筹建新教会进行募捐活动的时候，有位过去曾找过当地首富却碰了一鼻子灰的人，诉说着当时的情景，他最后说："我接触过不计其数的人，却从未见过像那老头一样不近人情的。"

这个老富翁闭门不出，跟所有的人切断联系已经快一年了。其原因就是老人的独生子惨遭歹徒杀害，老人发誓说要献出余生寻找仇敌，为儿子报仇。可是过了很长一段时间，也没有找到一点线索。老人伤心之余，决定与世间"绝缘"，不理世事。

听到这里，弗兰克自告奋勇决定要找那老人试一试。

第二天早晨，弗兰克按响了那间豪宅的门铃。过了很长时间，门口才出现了一位满脸忧伤的老人。

“你是谁？”

“我是您的邻居。您肯让我跟您谈几分钟吗？”

“什么事？”

“是有关您儿子的事。”这时候，他注意到老人的眼皮不由自主地跳了几下。

“那你进来吧。”

在老人的书房坐下，弗兰克小心翼翼地提起了话头。

“我理解您此时巨大的痛苦。我也只有一个独生子，他曾经走失过，我们两天多没有找到他，我能想象得到您有多么悲伤。我知道您非常爱您的儿子。我深切同情您的遭遇。为了让我们都记住您的儿子，所以我想请您以您儿子的名义，为我们新建的教会捐赠美丽的彩色玻璃窗，上面会刻上您儿子的名字，不知您……”

听到弗兰克恭敬而暖心的话语，老人似乎有些心动，反问道：“做窗户大约需要多少钱？”

“到底需要多少，我也说不清楚，您只要捐赠您愿意捐赠的数量就可以了。”

过了几分钟，在老富翁的陪同下，弗兰克怀揣5000美金的支票走出豪宅，这在当时是一笔惊人的数额。

别人都碰了钉子，为什么弗兰克偏偏就能如愿以偿呢？

弗兰克是这么表述自己的秘密的：“我去找那位老人，并不是为了贪图巨额赞助，而是为了使那位孤独的老人重新回到人们中间。所以，我就跟他谈论他心爱的儿子，用他对儿子的爱唤醒他的心。”

专家点评

当客户遭遇坎坷或不幸时，他们已不再只满足于基本的物质需要，而是要寻找心灵的慰藉即情感和精神的需要。

这个时候，我们可能帮不上什么大忙，但几句关心安慰的话就可能起到“雪中送炭”的效果。你多关爱客户一点，客户将回报你很多很多。

专家支招

（1）关注客户的心理需求，用人格和爱感化客户。

（2）销售员和客户的交往也是投之以桃、报之以李的，若投之以温情，则报之以友情。

随时展现你的关心

老王和老李都在卖豆腐，两个人年龄差不多，叫卖的腔调一样，都是尾部带着悠长的余韵，但两人的生意却大不同，老王的生意总是比老李的好得多。

开始时，大家都觉得奇怪，一样白嫩的豆腐，都是给很足的秤，这是为什么呢？后来，人们逐渐发现了其中的奥秘。

原来，同样是卖豆腐，老王比老李总会多说些话。比如，张大妈来买豆腐，老王会边称豆腐边问：“身体还好吧？”如果跑运输的赵师傅去买，老王会说：“活儿多吧？”如果是带小孩的太太来买，老王会说：“小孩长得很漂亮喔！很像妈妈呢！”还会问小朋友在家乖不乖之类的。他的话语里透着亲切和关心。

时间久了，大家都把老王当成了朋友，即使不需要豆腐，听到他的吆喝，也要买一点放在冰箱里，因为一句充满温馨的问候，总会让他们心里暖暖的。

而老李后来因为生意日渐清淡，只好改行了。

专家点评

做好销售，不仅要深入市场调查，了解客户的需求，还要研究客户的心理。先让客户信任你，并卸下厚重的防备心，这样客户才会接受你的产品和服务。

卖豆腐的老王主动与客户多说话、进行感情交流，达到了和客户心灵沟通的目的，让客户感到他不是在向自己推销，而是在关心自己、想着自己，要为自己提供方便。

专家支招

对待客户要充满人情味，主动和客户进行感情交流。

站在关爱的角度去发问

茱丽是美国得克萨斯州某保险公司的女性保险业务员，她是一位爱心天使。每当顾客发生意外时，她都会第一时间做电话拜访。

一天，她的一名客户居住的家属楼发生火灾。这位顾客在茱丽手中买过一份人寿保险，但没有买财产保险。这次这位客户遭遇火灾，她担心顾客的财产受到很大的损失。她知道顾客没有买财产保险，火灾一定让这位客户压力重重。

茱丽赶紧打电话拜访，她的第一句话是：“你们每个人都没事吧？”

第二句话是：“您有重大的财产损失吗？”

第三句话是：“都怪我不好，当时没有坚持要求您购买财产保险，以致今天不能帮您减少损失，为您分担经济压力。我今天只能为您分担精神压力。”

第四句话是 :“面对您的遭遇和处境，我非常焦急，也非常心痛，我会尽快赶到您的身边。”

第五句话是 :“这一次，我一定要为您设计一份完善的财产保险，使您的家人一生平安幸福。”

茱丽接着以发问的方式让顾客了解，她的公司可帮助火灾保户多争取到约 30% 的火险损失赔偿，而她的公司只收取 10% 的费用，同时保证若得不到足够弥补客户损失的理赔金额，她的服务将分文不取。

最后，这位顾客在感怀茱丽的情况下，买了一份财产保险。

专家点评

人的内心渴望被人尊重、被人赞美、被人呵护、被人关怀。一个懂得关怀别人、爱护别人的销售员一定是一位合格的销售员。做一个充满人情味的销售员是迈向销售巅峰的第一步。

销售人员要时时刻刻站在顾客的角度，真正关心顾客的疾苦，急顾客之所急、想顾客之所想。多问顾客一些体贴的、暖心的、感性的、关怀的问题，比如 :“从电视上看到贵地最近发生水灾，我心里特别紧张，就赶忙打个电话，您全家都好吧？财产没有受到什么损失吧？”

专家支招

（1）销售不是强制地向客户推销，而是要关心客户的利益和得失，让客户感觉到你的关心，站在客户的角度，对客户进行引导。

（2）要有主动的服务精神和真诚的服务态度，这样才能和客户搞好关系。

以行动打动客户的心

李嘉诚年轻时，曾在一家生产塑料洒水壶的工厂当推销员。在实践中，他摸索出了一种以情动心的推销方法：他每天早早地赶到人家公司门前，这时尚未到上班时间，只有清洁工在打扫。李嘉诚就对清洁工说："我帮您洒点水试试。"在宽阔的大厅里，地面被洒过水后，扫地就没有灰尘了。清洁工一方面觉得这玩意管用，一方面见李嘉诚帮了忙，心怀好感，因此极力向自己的上司推荐他的洒水壶，一买就是好几个。

在人家上班的时间，李嘉诚也有办法。他对那些有权决定采购的主管说："我给您演示一下这种产品，顺便给您扫扫地。"于是，洒水，扫地。地扫完了，极少有人拒绝买他的洒水壶。

李嘉诚这种方法，既展示了产品的优点，又显示了自己的诚意，效果非常好。运用这种方法，他成为那个工厂最好的推销员。

专家点评

只用智商却不用情商的销售员是不会有多大出息的，他们的眼睛盯着客户的钱包，一门心思考虑如何从客户身上掏出钱来，对客户的心情和利益都毫无兴趣。自然，客户也会捂紧自己的钱包，像防贼似的提防着他们的算计。在这种情况下，要想销售出产品就非常不容易了。

专家支招

在销售过程中，销售人员应常常帮客户一点小忙，用真情打动客户。

百元话费带来的订单

一次，程小姐去拜访合肥的一家化妆品专卖店，这个店的老板是一位女士。第一次程小姐被女老板无情地赶了出来。第二天她再去，女老板的态度明显比第一天好多了。谈了一会，老板叫程小姐把产品画册和价格表留下给她看看，让程小姐改天再来。其实，程小姐知道那个女老板是在敷衍她，但自己又无计可施。

过了三天，程小姐准备再次拜访，但是这次程小姐怕老板觉得自己不够尊重她，就先给她打电话，哪知道一打女老板的电话，发现她的电话停机了。程小姐灵机一动，她想这不正是一个好机会吗？自己为什么不先给她交电话费呢？想到这里，程小姐毫不犹豫地用自己的电话卡帮她交了100元的电话费，随后她立刻给女老板打电话："王老板，我是××化妆品公司销售员程丽丽，前几天您叫我过几天再去找您，我刚刚给您打电话，可是您的电话停机了。您工作很忙，为了不给您的工作带来不便，我给您交了100元的电话费，请问您今天有时间吗？店里不忙的话我今天就过去跟您见一面。"女老板一听，有点感动了，便二话不说让程小姐过去。很快，5万元的订单被程小姐拿下了。

专家点评

人再理性，毕竟还是有血有肉的感情动物，客户也是如此，有些客户表面可能很冷漠，你一次两次三次拜访他都不合作，但是或许你再坚持一下就能成功，客户可能不光在比较你的产品，更是在考察你的人品，所以要学会用情感去感动客户。你能感动客户，就是成功了一大半。

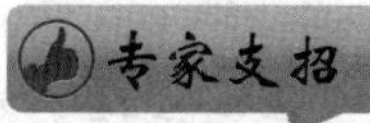

销售员的长相可以不美，口才可以不是很好，但是要会用情，要会感动客户，善于抓住客户的需求，善于抓住感动客户的点。

有人情味才会受欢迎

小赵是一家公司的销售员，来公司两年了，业绩却总是提不上来。小赵为此非常苦恼，尤其每逢周末业绩考评时，是他情绪最坏的时刻。

一个周六，他应约去一家商场谈生意，这家商场是公司的老客户。到经理室时，经理显得特别高兴，热情地招呼小赵坐下，兴致勃勃地说："告诉你，我女儿考上重点大学了！"

小赵只是点了一下头，面无表情地说："嗯，您看下个月的订货是多少？"

见经理没说话，小赵接着又追问了一下："您看下个月的订货要……"

想不到经理"刷"地变了脸色，没等小赵把话说完，就直截了当地说："下个月的货不订了！"

小赵又问："那以后呢？"

经理干脆地说："以后你别来了！"

小赵忽地站了起来，双眼怒视经理，说："你不要我来，我还不稀罕呢！别以为你们有点钱，我就会天天围着你们转，你别指望以后我会再来！"说完，一摔门就离开了。

没过多久，小赵就被公司解雇了。

专家点评

客户需要的不仅仅是你的产品，还有你的友谊与尊重，产品是许多人都能提供的，但友谊和尊重却并不是。因此，有人情味的销售员才会受客户欢迎。

谈论业务并不意味着生活中的其他事均与此无关，客户希望你与他共同分享某一好消息时，你只需要一句表示祝贺的话就可以做到。同时，要学会控制自己的负面情绪，不要让自己的消极情绪影响到客户。

专家支招

（1）控制自己的情绪，在客户面前保持好心情。

（2）学会和客户分享他们的好心情，做一个有人情味的销售员。

微妙的人情味

有一天，销售员小李拜访了一个采购商，结果发现他们毕业于同一所高中，而且都上过同一个老师的数学课。那位老师非常有个性，而且学术能力很高。

两人仔细交流后，发现相互间的共同话题多得惊人。

在接下来的几年中，他们像老朋友一样合作。有一天，小李无意中听到采购商的秘书正打电话安排采购商10岁的儿子去参加一个演奏比赛。小李随即询问了一些关于他儿子的情况。几天后，小李出现在了比赛现场，观看了这个“小音乐人”的精彩演奏。

一个月后，当小李无意间向那位采购商提起这件事时，当天就拿到了来自那家公司的一份百万元的订单。

销售工作中有很多这样的事例，销售过程其实就是人和人在交往中相互影响和作用的过程，是一个人与人之间复杂而微妙的沟通过程。客户不但会在理性上看销售员的产品能否给他们带来好处，还要看自己在感性上会不会接受销售员这个人。

专家支招

（1）在细节上获得客户的认同，用感性的一面打动客户。

（2）关注客户关心的事物。

不忘关注客户的家人

小陈去拜访广西一家比较大的服装店，奉上自己的名片，说明此次前来的意图，谁知老板立刻就说："你们这些服饰都很一般，其他厂家也都有，要什么产品我会去他们公司拿，我这会儿还很忙，如果没别的什么事，你就先回去吧。"就这样小陈碰了个软钉子，但他并不甘心。

当天下午小陈再去拜访，并带了一些小礼品，进去之后，他看到有很多顾客，于是就坐在一旁静静地等老板忙完。那个老板忙完的时候，小陈已经等了一个多小时，老板有点不好意思，于是就招呼他到一边坐下来。就这样，他们聊开了。

在聊天中，小陈捕捉到一个很重要的信息，老板的儿子那年正好要参加高考，小陈把这一点牢牢记在了心上。接下来他每次去拜访时，把话题的重点都放在老板将要高考的儿子上，总会关心地问他儿子的情况怎么样，营养是否跟得上？学习中的压力大不大？情绪稳不稳定？现在模拟考试考得怎么样？小陈的一系列关心让两人像久未谋面的亲戚。那个老板很高兴，每次都聊得很兴奋。全国高考分数出来那天晚上，老板居然把第一个电话打给小陈，说他儿子考了590分，希望能与小陈共同分享这份喜悦。最终，小陈把这个店的供货权拿了下来，老板首次就进了一万元的货。

专家点评

销售工作是一个很细致也很系统的工作。它需要我们有意识地投入时间和真诚来服务客户，感动客户。

如果销售员从客户的角度出发关注客户的家人，就会满足客户的心理需求，客户也会撤下心理防线，把销售员当朋友看待。

专家支招

真诚地关心客户的家人。

两辆公共汽车

家门口有一条公共汽车线路，是从小港口开往火车站的。不知是因为线路短，还是沿途人少的缘故，客运公司仅安排两辆公共汽车来回对开。开101的是一对夫妇，开102的也是一对夫妇。

这里的乘客多数是一些渔民，由于他们长期在水上生活，因此一进城往往是一家老小。

101 的女主人很少让渔民给孩子买票，即使一对夫妇带几个孩子，她也只要求渔民买两张成人票。有的渔民过意不去，执意要给大点的孩子买票。她就笑着对渔民的孩子说："下次给带个小河蚌来，好吗？这次让你免费坐车。"

102 号车的女主人恰恰相反，只要有带孩子的，大一点的要全票，小一点的也得买半票。她总是说，这车是承包的，每月要向客运公司交多少多少钱，哪个月不交足，马上就干不下去了。渔民们也理解，几个人就买几张票，因此，每次也都相安无事。

不过，三个月后，门口的 102 号不见了，听说停开了。它应验 102 号女主人的话：马上就干不下去了，因为搭乘她车的人很少。

专家点评

102 号的做法无可厚非，101 号的做法似乎很傻，然而，最后却是"傻人"取得了成功，"精明"的人反而做不下去了。

商场既是不见硝烟的战场，也是感情交流的市场。要在商场中获胜，必须赋予产品以情感。一般来说，市场竞争之初，是靠产品的价格取胜，随之而来的是质量的角逐。当激烈的竞争过后，产品质量相差无几时，单纯靠价格和质量的竞争就显得不够了，这时就要采用更高级的竞争战术，巧妙地利用顾客的情感心理了。

专家支招

有时候一点点的优惠就能获得客户的忠诚和好口碑。

“义务宣传员”的策略

有一位犹太人叫布拉德利，最初向客户推销保险时，一见到客户便向他们介绍保险的好处，同时还向对方大讲现代人不懂保险会带来什么不利，最后他就会说：“最好你也买一份保险。”可是，却很少有人向他购买，一个月下来，他没有签成一份保险合同。后来他经过仔细思考，改变了策略，不再对客户夸夸其谈，而是换了一种交谈方式。

“您好！我是国民第一保险公司的销售员。”布拉德利说。

“哦，推销保险的。”客户应道。

“您误会了，我的任务是宣传保险，如果您有兴趣的话，我可以义务为您介绍一些保险知识。”布拉德利说。

“是这样，请进。”客户说。

布拉德利初战告捷。在接下来的谈话中，他像叙说家常一样，跟客户介绍了有关保险的全部知识，并将参加保险的好处以及购买保险的手续很自然地穿插在介绍中。

最后，布拉德利说：“希望通过我的介绍能让您对保险有所了解，如果您还有什么不明白的地方，请随时与我联系。”说着布拉德利就递上了自己的名片，直到告辞也只字未提动员客户买他保险的话。但是到了第二天，客户往往会主动给布拉德利打电话，请他帮忙买一份保险。

布拉德利成功了，一个月卖出的保单最多时高达150份。

专家点评

布拉德利的成功经验表明，如果把客户看成什么也不懂的人进行一番说教，必然引起客户的反感，再说，客户对保险推销本身怀有一种戒心，所以成功的机会非常小。

布拉德利避开“推销保险”这一敏感话题，以“义务宣传员”的身份接近客户，用聊天的方式介绍自己的业务，能使客户放松戒备，在不知不觉中，让客户自己主动选择购买。

专家支招

（1）销售员和客户一见面就谈生意，会使客户产生抵触心理。

（2）换一种方式，向客户介绍些有关知识，叙些人情，舒缓心理，其收获自是有所不同。

“我们公司的产品正好可以帮您解决这个难题”

罗先生是某保健器材的销售人员，他在一位老客户的介绍下认识了某公司的牛总。罗先生在见到牛总之前就得知，对方对父母的健康非常在意，而且只要认准了产品就不会在价格上斤斤计较。

罗先生与牛总寒暄过后，就向牛总介绍了这种保健器材的一些功能和特点。牛总说他目前没有这方面的需要，如果有需要的话，他一定会与罗先生联系的。罗先生听出，牛总是在下逐客令。可是罗先生并没有在意，他说：“听说您的母亲就要过七十大寿了，人生七十古来稀呀，不过以您母亲的身体状况就是再活 30 年也没问题呀！”

牛总听了慨叹道：“哎，虽然我母亲保养得一直很好，可是毕竟年龄大了，身体一日不如一日了呀，最近就时常闹些小毛病。”

罗先生说：“其实老年人身体状况不好光靠吃药是没用的，关键还是要经常做些有益的活动，这样一来可以增加身体的抵抗力，二来还可以在运动过程中保持一个良好的心情。”

牛总仍然神色严肃地说：“以前他们也出外参加一些活动，可是最近他们自己总觉得太累，再说我也怕他们到外边活动出现什么问题不能及时处理。这个问题愁坏我了。”

罗先生接着说：“我们公司的产品正好可以帮您解决这个难题……”

在说明了使用这种保健器材的一系列好处之后，罗先生看到牛总有了点购买产品的意思，想现在应该是趁热打铁的时机了，于是他又说：“如果您不能在母亲七十大寿的时候送给她一件有意义的礼物，那她一定会很失望的。这种保健器材不仅可以让她老人家感受到您的孝心，而且每次看到它时，老人家都会想起自己这个值得纪念的生日。这种保健器材我们销售部只剩下 3 台，如果您现在不买的话，等到想买的时候恐怕就没有了，到时候只能等公司总部发货过来。如果那样的话，您一定会感到遗憾的。”

“好吧，我现在就要货，你先把它送到我的办公室，我想等母亲生日那天给她一个惊喜。”牛总已经迫不及待了。

专家点评

销售员与客户进行沟通时，可能面临更多的是客户的异议，销售员要如何说服他们下定决心呢？也许任凭销售员说尽产品的好处，客户也无动于衷。

面对这种情况，销售人员必须改变策略，不要让客户觉得你只是为了一己私利才向他来推销，而是为客户着想，向客户提出“假如你购买了我们的产品，您将会获得……的好处”的暗示。这是一种打动客户的有效方式。

专家支招

（1）首先要弄清楚客户最关注的产品优势是什么。

（2）当客户是为自己关心的人购买产品时，销售员要做到爱屋及乌，为客户关心的人着想。

先帮客户跑业务

1998年7月，新建成的好饰家灯具广场需在场馆内安装200多套空调。浙江宁波三星电子集团、奥克斯家用空调推销员韩晓梅了解到，投资方上海申翔商场的高层已打算选用江苏产的某品牌空调。韩晓梅认为合同还没有签，自己还有一线机会，不妨闯一闯看。前去拜访申翔的赵总经理时，对方尽管很客气，但仍回答："对不起，空调我们已经选好了，你请回吧！"话里没有丝毫商量的余地。

从赵总处告辞出来后，她注意到隔壁是申翔商场总经办主任的办公室，她想，既然自己来了，就来个明明白白，总经办知道的事儿多，不妨去那里转转，或许会碰上个啥机会呢。韩晓梅径直走了进去，向总经办主任介绍了自己的身份，还说自己是商场的老主顾；接着便从商场经营的话题入手，同其攀谈，在谈话中韩晓梅不但从侧面进一步了解了申翔的规模实力、资金状况和市场定位，而且还掌握了一条极为重要的信息——申翔的主营项目除了灯具外，还包括塑钢门窗。

韩晓梅联想到自己的一位朋友在某装潢公司工作，如果能说服他们向申翔采购塑钢门窗，不就等于帮了赵总一个大忙！韩晓梅决定试试看，就把想法告诉了对方，总经办主任连连说："太好了！"并表示马上要向总经理报告这件事。之后，韩晓梅与朋友取得了联系，既然是朋友，对方也愿意帮这个忙。

为了能促成合作，韩晓梅积极从中牵线，一次一次地往申翔跑，有时候是一个人去，有时候是陪朋友一道过去。但每次与赵总见面，她都绝口不提空调的事，说的就是塑钢业务。到后来，她自己都差不多成为塑钢业务方面的专家了。

韩晓梅前后共去了5次。第5次去的时候，是向赵总报告喜讯的——韩晓梅的朋友已成功说服单位领导，使其决定与申翔建立业务关系。看到韩晓梅晒得红彤彤的面孔、被汗水打湿的头发，赵总被深深打动了："像你这样的业务员真是难得。韩小姐，能不能请你同时准备一份空调的销售合同，顺便咱们也把它签了吧！"

那份订单使韩晓梅一下子卖出了186套柜机、48套挂机。

专家点评

为客户帮了大忙等于送给客户一个大人情，客户还人情最好的办法就是购买你的产品。如果销售员抱着先替客户做成生意的念头，帮客户解决了问题，即使最后客户仍然无法购买你的产品，也会把你当朋友看，会记得你的人情。

专家支招

与客户交往，应该注意了解对方的业务，遇上机会，在力所能及的范围内助其一臂之力。

先攀谈再洽谈

"您好，我是安居售楼处的，我姓黄，安居家居报价的事，我能找你们负责人谈谈吗？"

"哦，和我说就可以。"

"总的来说，安居家居的房子出自国际知名的设计师，这种设计您一住就是100年，也别具品位、不觉落伍。不光是外型上叫人刮目相看，每种设施也一应俱全，您看有车库、修车凹道、宠物居室、花园、鱼池、露天烤箱等。房子里还有一套客居浴室，厨房也非常现代化。另外，在地下，我们也进行了有效的空间利用，设计了酒吧、储藏室和娱乐室。我们这套房子虽然标价88万元，但您也可先交30万元预付金，其余款项由工商行15年按揭。”

“哦，我知道了。”

“关键是您别忘了，这里有其他房产不能比的健康环境，冬暖夏凉。而且离商场、俱乐部和其他商业服务区都近，徒步也要不了十几分钟。您看看，我说的都对吧？还有一点您也应该放心，我们这处别墅小区的物业管理是非常合格的，维修和管理都很及时和到位。如果您有兴趣，我们可以给您作更细致的解释。”

“是吗？”

“下午不知道您有没有时间，我可以过来拜访你们公司，同你们的有关负责人谈谈。”

“这几天有关负责人没有时间。”

“我们只作一个简单的拜访，不会花费太多时间。”

“这几天我要出差，以后再谈吧，再见！”（对方已挂电话）

专家点评

在上例中，业务员在说明了电话目的之后，对方有个暗示：“哦，和我说就可以。”这句话说明了对方的身份，他就是拍板人。这时，业务员应该立即说：“那太好了，先生，您怎么称呼？”在得到了拍板人的姓名后，就要使用拍板人的姓氏，这样才能造成融洽的气氛。如果你连拍板人的姓名都不关心，怎么能被对方接纳，从而进一步约定成交呢？

专家支招

（1）在和客户交谈时，切忌急于求成，因为急躁和大意而忽略对方的信息。

（2）在业务员和对方建立了互相接纳的关系后，对方才会接受你滔滔不绝的介绍。

认同对方的政治情感

欧洲人推出空中客车民航飞机的时候，世界上民航飞机的市场已经被美国的波音、麦道等机型占领了。空客要打开市场，就面临着与波音的直接争夺。

印度是空客争夺的一个重要市场，但印度负责飞机业务的拉尔将军，据说很难打交道。空客公司派出了他们的王牌业务员拉提埃。

拉提埃找到拉尔将军时，拉尔非常冷淡，只答应给他 10 分钟的时间。当拉提埃进入拉尔将军的办公室时，他微笑着说："我必须感谢将军阁下，是您的慷慨大方，给了我一个十分幸运的机会，让我在生日的这一天又回到我出生的地方。"

"什么？难道说您出生在印度？"拉尔将军有些不相信。

"是的！"拉提埃动情地说，"1929 年 3 月 4 日，我出生在加尔各答。那时候，我父亲是法国街歇尔公司驻印度的代表。我们全家都在印度。我们的生活受到热情的印度人民的照顾。我 3 岁生日时，我的邻居，一位慈祥的印度大妈，送给我一个可爱的娃娃，这娃娃我到现在还保留着。我和我的印度小朋友一同骑在象背上，度过了幸福的一天。我永远也忘不了我儿时那些印度朋友。”

就这样，拉提埃与拉尔将军开始谈话，10 分钟的限制早被拉尔将军忘记了。他反而提出邀请 ：“你能在几十年后来出生地过自己的生日真是太好了，你也算是半个印度人。今天我想请你共进午餐，表示对你的祝贺。”

在饭店坐下后，拉提埃拿出一张泛黄的照片。他双手捧着照片问拉尔将军 ：“您看这是谁？”

“这不是圣雄甘地吗？”拉尔将军惊讶地说。

“没错。您再看看他左边那个小孩，那就是我。在我 4 岁的时候，我们家回法国去，在乘坐的轮船上，我们十分幸运地见到了圣雄甘地。这就是那一次的合影。我们家一直把这张合影当宝贝一样保存着。这次，我还将去拜谒圣雄的陵墓。”

拉尔将军被感动了 ：“十分感谢您对圣雄甘地和印度人民的友好感情。”说着，他紧紧地握住了拉提埃的手。

午餐自然是在非常友好的气氛中进行的。到拉提埃告别的时候，他已经拿到印度的订单。

专家点评

在这次会谈中，拉提埃以非常委婉的语言，动人的回忆，巧妙地表达了自己对将军国家的友好态度，消除了将军的戒备心，同时让他感受到来自拉提埃的尊重。这样，在祥和融洽的气氛中，拉提埃说服了将军，成交了这笔大买卖。

专家支招

向怀有政治情感的人销售产品时，言语行为中要体现对对方情感的认同。

投其所好做好服务

一个夏日的上午，一位美国女士来到巴黎希尔顿饭店，预定了一个豪华套间，办好手续后便到市内观光去了。

在美国女士离开之时，饭店经理注意到这位女士穿戴极有个性：她身上穿的衣服，手上拎的包，头上戴的帽子都是鲜红色，足以看出这位女士对鲜红色特别偏爱。饭店经理灵机一动，马上召集服务小姐，让她们以最快的速度重新布置那位女士预订的豪华套间，将整个套间的地毯、壁毯、灯罩、床罩、沙发、窗帘等全换成美国女士衣着的那种鲜红色。

晚上，美国女士观光回来，推开自己预订的套间的门，惊奇地发现整个套间的色调竟是自己喜欢的鲜红色，顿觉温馨无比，异常欣喜。第二天，美国女士面带微笑地交给服务小姐一张现金支票，并表示以后再来巴黎，一定还住希尔顿饭店。

专家点评

希尔顿饭店的经理观察并了解到顾客的偏好，及时施以相应的服务，符合以人为本的服务理念，使顾客的偏好得到了满足。这不仅给饭店带来了经济效益，更重要的是给顾客留下了难忘的印象，为饭店争取回头客打下了良好的基础。

专家支招

（1）销售员要有以人为本的服务理念，尊重客户的个性，尊重客户的习惯，尊重客户的喜好，尊重客户的民族情结。

（2）多了解客户的喜好，投其所好。

这是我们应该做的

由于业务关系，国辉经常到外地出差，入住的都是星级宾馆，他始终认为这样的宾馆基本上没有太大的区别。因此，他对所有的宾馆都没有特别的感情。但最近的一次住宿经历却改变了他的看法。

那次，他到外地出差，入住了当地一家四星级酒店，晚上和几个朋友聚会聊天，回到酒店已经是晚上10点多了。当他走过大堂的时候，脚往前一迈，发现声音不对，一看，鞋掌掉了。他捡起来看了看，心想，这怎么办，后来又想，算了，这也没办法了，都晚上10点多了，外面还一直下着雨，男士皮鞋底薄点儿无所谓，也没人注意得到。但国辉往房间走的时候想，也可以到前台问一下嘛！

于是他走到前台说："我的鞋掌掉了，您看能帮我想个办法吗？"

服务员说："先生，您把房间号告诉我，然后先回去，我们一会儿跟您联系。"

刚回到房间，电话打来了。

"国先生，是您刚才说鞋掌掉了吗？"

"对，是我。"

"那您稍等一下，我们服务生上去看看。"

一会儿服务生上来了，拿了一个袋子把他的鞋子和鞋掌装走了。国辉心想，他有什么办法呢？这都快11点了，要是10点之前，自己也有办法，酒店的隔壁是广百商厦，那里就有修鞋的，但现在已经全部关门了。外面阴雨连绵，酒店里面有服务员，但不可能有专门修鞋的呀。

就在他还在想服务生有什么办法的时候，服务生把鞋送回来了，边拿出来给他看边赶紧给他解释。

服务生说："国先生，我们想了各种办法，最后想到最原始的方法，点了一盏酒精灯，将刀片烧一烧给您的鞋烫一烫，最后全部粘好了。"

国辉当时非常感动。

接着，服务生又问："国先生您另外那只鞋子呢？"

国辉说："那只鞋没有掉掌。"

服务生说："外面阴雨连绵，您的鞋子都溅脏了，我帮您擦一下。"

国辉心里很感动，当时就想：这种情况要给小费了。等服务生把鞋子擦干净了，他赶紧掏出几十元钱说："您辛苦了，一点儿小意思。"

服务生说："国先生，您误会了，这是我们应该做的，我们不收小费。"

国辉说："您深更半夜为我在这里操劳，我也过意不去。"

服务生说："您真是搞错了，我们不收小费的，这是我们应该做的，您看还有什么需要我帮忙的，如果没有的话您就早点休息，我先出去了。"

这件事让国辉非常感动，服务生的品格让他发自内心敬重。服务生出去之后，国辉看到房间里有客户意见表，他把具体内容和事情的经过完整地写了一遍，然后别上名片，第二天放到了前台，他想，这样对那个服务生大概会有一点儿帮助。

这个酒店让国辉刮目相看，他想，以后再来这儿出差，肯定优先选择这家酒店，住在别的酒店，心里没有这儿踏实。

专家点评

当今商家能否留住客户很重要的一点就是客户对你有没有依赖感，能否成为你的忠诚客户。这不仅取决于产品的优质，还取决于商家为客户提供的个性化服务。对客户额外的付出能让客户觉得有人情味，也会让客户对你形成依赖感，如果客户对你没有依赖，他也就不可能成为你的忠诚客户。

销售是同样的道理，用人情才能打动客户的内心，战胜竞争对手。

专家支招

（1）销售员一定要强化自己的服务意识，增加人情服务，让客户对你形成依赖感。

（2）如果销售员让客户在消费中体味到难得的温情，将会引人注目，在客户心中留下深刻印象。

第四章 用你的笑容广结人缘

笑容是人际交往中最锋利的一把刀，也是最有效的销售工具。俗话说："伸手不打笑脸人。"

销售员首要具备的条件是一副亲善的笑容，礼貌亲切的笑容散发出的化学作用，会使销售员有如天赋神力，使客户做出认购决定。即使客户不能成功认购，相信也会留下信任及难忘的印象，为下次认购做了有益的铺垫。

成为一个善笑的人，不仅是成为一流推销高手的要求，要在人群中受到欢迎，这也是基本的要求。它是一张助人走向成功的不折不扣的高效"通行证"！

微笑是最好的名片

威廉·怀拉是美国销售寿险的顶尖高手，年收入高达百万美元。他成功的秘诀就在于拥有一张令顾客无法抗拒的笑脸。那张迷人的笑脸并不是天生的，是长期苦练出来的。

威廉原来是全美家喻户晓的职业棒球明星球员，到了40岁因体力日衰而被迫退休，而后去应征保险公司销售员。

他自以为他的知名度理应被录取，没想到竟被拒绝。人事经理对他说：“保险公司销售员必须有一张迷人的笑脸，而你却没有。”

听了经理的话，威廉没有气馁，立志苦练笑脸，他每天在家里放声大笑百次，邻居都以为他因失业而发神经了。为避免误解，他干脆躲在厕所里大笑。

经过一段时间练习，他去找经理。可经理说：“还是不行。”

威廉不泄气，仍旧继续苦练，他搜集了许多公众人物迷人的笑脸照片，贴满屋子，以便随时观摩。

他买了一面与身体同高的大镜子摆在厕所里，为了每天进去笑三次。隔了一阵子，他又去见经理，经理冷冷地说：“好一点了，不过还是不够吸引人。”

威廉不认输，回去加紧练习。有一天，他散步时碰到社区的管理员，很自然地笑了笑，跟管理员打招呼，管理员对他说：“怀拉先生，你看起来跟过去不太一样了。”这句话使他信心大增，立刻又跑去见经理，经理对他说：“有点味道了，不过仍然不是发自内心的笑。”

威廉不死心，又回去苦练了一段时间，终于悟出“发自内心如婴儿般天真无邪的笑容最迷人”，并且练成那张价值百万美元的笑脸。

专家点评

销售员训练的第一堂课应当就是微笑。微笑能建立信任。纵观历史，在任何时代，任何地区，任何民族，微笑都是表示友好的信号。销售时微笑，表明你对同客户交谈抱有积极的期望。

笑可以增加你的面值。乔·吉拉德这样解释他富有感染力并为他带来财富的笑容：皱眉需9块肌肉，而微笑，不仅用嘴、用眼睛，还要用手臂、用整个身体。当你笑时，整个世界都在笑。

有时成功就来自对一个笑容的坚持。对销售员来说，笑容就是最好的名片。

专家支招

（1）微笑有这么大的魅力，不妨试一试。

（2）当你笑时，一定要记住，微笑要发自内心并且充满真情。

你今天对顾客微笑了吗

美国著名“旅馆大王”希尔顿所领导的希尔顿集团之所以能够称雄世界，独具特色的经营手段还在其次，它的秘诀就在于微笑服务。

当初希尔顿投资5000美元开办了他的第一家旅馆，资产在数年后迅速增值到几千万美元。此时希尔顿得意地向母亲讨教现在他该干什么，母亲告诉他：“你现在去把握更有价值的东西，除了对顾客要诚实之外，还要有一种更行之有效的办法，一要简单，二要容易做到，三要不花钱，四要行之长久——那就是微笑。”

于是，希尔顿要求他的员工，不论如何辛苦，都必须对顾客保持微笑。

“你今天对顾客微笑了吗？”这是希尔顿的座右铭。在50多年中，希尔顿不停地周游世界，巡视各分店，每到一处同员工说得最多的就是这句话。

在美国经济萧条的1930年，旅馆业80%倒闭。希尔顿旅馆也举步维艰，但他还是信念坚定地飞赴各地，鼓舞员工振作起来，共渡难关。即便是借债度日，也要坚持“对顾客微笑”。在最困难的时期，他向员工郑重呼吁：“万万不可把心中的愁云摆在脸上，无论遭到何种困难，希尔顿服务员脸上的微笑永远属于顾客！”

他的信条得到贯彻落实，希尔顿的服务人员始终以其永恒美好的微笑感动着客人。很快，希尔顿饭店就走出低谷，进入了经营的黄金时期，他们添置了许多一流设备。当再一次巡视时，希尔顿问他的员工们：“你们认为还需要添置什么？”员工们回答不上来。

希尔顿笑了：“还要有一流的微笑！”他接着说，“如果我是一个旅客，单有一流的设备，没有一流的服务，我宁愿弃之而去住那种虽然设施差一些，却处处可以见到微笑的旅馆。”

微笑不仅使希尔顿公司率先渡过难关，而且带来巨大的经济效益，发展到在世界五大洲拥有70余家旅馆，资产总值达数十亿美元。

曾有一位哲人说过：“微笑，它不花费什么，但却创造了许多成果。它丰富了那些接受的人，而又不使给予的人变得贫瘠。他在一刹那间产生，却给人留下永恒的记忆。”希尔顿凭靠的就是不花任何资本，轻松便可做到的微笑，如清风一缕吹开了顾客的心扉，从而使全世界都知道了希尔顿，都记住了希尔顿那亲切的微笑。

专家点评

希尔顿总结说：微笑是最简单、最省钱、最可行，也最容易做到的服务，更重要的是，微笑是成本最低、收益最高的投资。因此，他要求员工不管多么辛苦，多么委屈，都要记住任何时候对任何客户用心真诚地微笑。

没有人能轻易拒绝一个笑脸，因为笑是人类的本能，要人类将笑容从脸上抹去是件很困难的事情。由于人类具有这样的本能，微笑就成了两个人之间最短的距离，具有神奇的魔力。因此，销售员销售产品前想让客户接受自己，微笑就是最好的通行证。

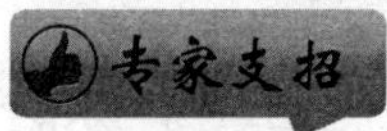

客户绝不会拒绝销售员真诚富有感染力的微笑。

苦练笑容基本功

原一平 25 岁当实习推销员时，身高 1.45 米，又小又瘦，横看竖看，实在缺乏吸引力，但他苦练笑容，并且获得了成功。他的笑被日本人誉为“价值百万美金的笑”。

原一平认为，婴儿般天真无邪的笑容最具魅力。于是，他就花费很长时间练习，直到他在镜中的笑容与婴儿相差不多时才罢休。他练习的步骤是：检查自己的笑容有多少种（原一平认为自己有含义不同的 39 种笑容），再列出各种笑容要表达的心情与意义，然后再对着镜子反复练习，直到镜中出现所需要的笑容为止。

原一平很多次因工作在路上练习大笑，被人误认为神经有问题。有一天，晚上睡觉时他妻子问：“你最近是不是边走边笑？前几天隔壁的太太见你在路上咧嘴傻笑，她提醒我，要我当心，怀疑你可能有精神病。”

“噢，是吗？太好了，我竟被别人当成精神病。说实话我是在路上练习笑呀！”

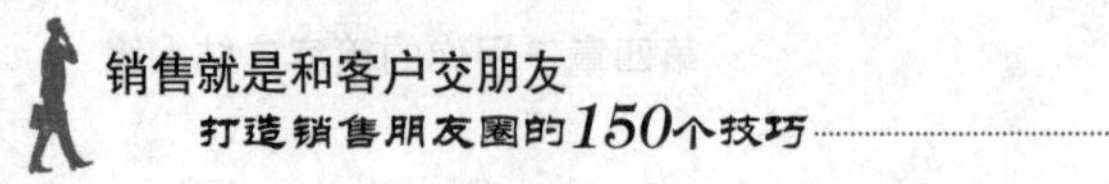

原一平曾经假设各种场合与心理，自己面对镜子，练习不同的笑。因为笑必须从全身发出，才会产生强大的感染力，所以他找了一个能照出全身的特大号镜子，每天利用空闲时间，不分昼夜地练习。历经长期苦练之后，原一平终于找到了世界上最迷人、最美、最令人陶醉的婴儿般的笑容。

专家点评

原一平为什么练习笑呢？因为他总结出笑容在销售活动中有八大作用：

（1）笑容是传达爱意给对方的捷径。

（2）笑具有传染性，你的笑容可以引起对方笑并使对方愉快。

（3）笑容可以轻易地消除二人之间严重的隔阂，使对方心扉大开。

（4）笑容是建立信赖关系的第一步，它会创造出心灵之友。

（5）笑容可以激发工作热情，创造工作成绩。

（6）笑容可以消除自己的自卑感，弥补自己的不足。

（7）如能将各种笑容拥为己有，了如指掌，就能洞察对方的心灵。

（8）笑容能增进健康，增强活力。

从这些可以看出，笑容对一名销售人员来说是最廉价却又最有效的武器。

专家支招

（1）注意研究自己的表情，多练习各种笑容。

（2）销售员展开的笑脸，一定要是真心散发出来的笑，才能让客户对你产生信赖，并且打开自己的心扉。

以笑取胜

年轻的推销员小刘走进一栋办公楼，按了一间办公室的门铃。

"请进。"

客户抬头打量着他，问："你找谁？"

"就找您行吗？"小刘面带真诚的微笑。

"找我有什么事？"

他没有直接回答客户的提问，而是说："当我进门的时候，看到您一脸和气，但我心里非常紧张，不知道您会不会听我讲话。"

"没关系，你讲。"

"请问先生，为什么许多公司的门外挂着一块谢绝推销的牌子？"

"唉，每天来我们这里的推销员很多，影响我们的正常工作。"

"原来是这么一回事！那请问先生，你们一般在什么时候较空闲？"

客户听了，恍然大悟地笑了："我们一般在下午 3 点有空。"

"这样吧，我明天下午 3 点来行吗？"小刘微笑着等客户回答。

客户看着小刘，被他的笑容感染了，也微笑着回答："明天我外出，后天吧。"

第三天，小刘再去拜访时，他们微笑着交谈，最后小刘成功地将产品销售给了他。

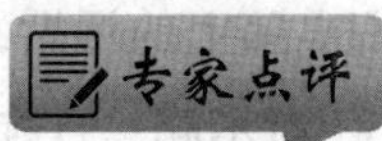

真诚的微笑具有不可抵挡的感染力，笑容能展示你的自信和诚意。

心理学上讲，人与人之间的交往，前10秒钟最关键，决定对方以何种态度跟你接触，而微笑是上天赐给我们重要的肢体语言，如果一开始你的肢体语言给对方的印象是："其实我不想见到你。"你认为对方会接受你吗？既然你给对方的感觉是这样的，那么，大家公对公，没什么感情可言，接下来的交谈会愉快吗？所以，微笑的力量实在是不可小觑的。

专家支招

（1）销售员见了客户，首先就要注视客户的目光，微笑。

（2）保持愉快的心情。如果实在微笑不起来，先到洗手间洗个脸，将脸部肌肉向上方两侧多拉几遍，放松放松，表情就会柔和起来，微笑起来比较容易。

没有人会拒绝微笑

汤姆的公司位于闹市区，上班时间经常有小商小贩趁门卫不注意，偷偷溜进办公大楼推销产品，令人防不胜防。

有一天，一个小伙子敲门走进汤姆和同事的办公室，礼貌地说："对不起，打扰一下，请问你们是否需要电脑清洁纸巾？如果需要，我可以给你们优惠。"

专心工作的员工深受其扰，一脸不悦，给他的都是冷冰冰的脸色。小伙子并没有退缩，微笑着说："不买也没关系啊，能让我给你们试一下产品吗？"还没等员工们同意，他很快拿出一包纸巾擦拭员工们电脑上的污垢，但这些员工并没有买他的账。最后，小伙子还是礼貌地说："对不起，打扰了，再见！"

过了一会儿，小伙子又来了，说："你们领导说了，需要这种产品，请你们考虑考虑好吗？"

汤姆开玩笑地说："领导需要就让领导去买，请你还是走吧！"

小伙子并没有因为汤姆和同事的冷漠而放弃希望，认真详细地介绍他所推销的产品的性能和好处。虽然最终汤姆和同事都没有理睬他，他仍然微笑着离开了。

令汤姆纳闷的是，不论受到怎样的对待，这个小伙子脸上始终洋溢着笑容，微笑着进来，微笑着离开。第二天，第三天……一样的诚恳、一样的期待；一样的冷漠、一样的脸色。有一天，当小伙子在吃了很多次闭门羹后又准时出现在办公楼内时，汤姆和同事都被这种执著的精神感动了，买了 200 美元的产品。

临走时，汤姆一改往日的冷淡，热情地问："我真的服了你，难道你遇到这种尴尬情况就没有想到过要放弃吗？"

小伙子对汤姆说："没有一块冰能不被阳光所融化，也没有任何人能拒绝微笑！"

专家点评

没有人能拒绝微笑，而且这种执著的微笑精神往往是通向成功的道路。销售员拥有发自内心的微笑，就像身上随时携带着一个无价之宝。

我们能发现，业绩好的销售人员都是积极、主动、热情，总是微笑着和别人谈话的人；而一些消沉、面无表情的销售员，业绩肯定是最差的。因为，开朗的微笑可以使客户的心情与你一样开朗，从而也对你微笑。在这种情况下，销售成功的概率便会大大地提高。

专家支招

只要你有一个充满自信和真诚的胸怀，再加上这无价的微笑，就可以感染、沟通每一个客户。

微笑服务

新加坡有一家名为“伊势丹”的商场，生意非常红火。每天早上开门营业之时，售货员都会夹道欢迎顾客。一边微笑躬身，一边用英语向顾客问好：“Good morning！”人们在商场每个楼层的入口处，也都能得到同样热情的接待。顾客走到柜台前面，售货员立刻颔首行礼微笑着说：“先生（女士），请问需要什么东西？”他们不仅主动介绍商品，而且会拿出来供你选择。即使一位只打算看看的顾客，在持续的微笑之下，也会感到不好意思，结果还是花7元钱买了一件小小的旅游纪念品——刻有鱼尾狮图案的钥匙扣……

几天后，这位顾客去另一超市，也看见这种钥匙扣，可标价仅4元。再仔细对比，发现伊势丹商场的时装售价也比一般超市商场高出20%～40%。然而，光顾伊势丹的顾客们，特别是那些阔气的先生、太太们，是不可能去普通超市对照价格的，只要微笑和颔首让他们称心如意，他们多花一些钱也心甘情愿。

专家点评

微笑是心情愉悦的反映，也是一种礼貌和涵养的表现。微笑服务，并不仅仅是一种表情，更重要的是与客户感情上的沟通。当你向客户微笑时，要表达的意思是：“见到你我很高兴，愿意为你服务。”

实施微笑服务，运用微笑和颔首让顾客称心如意，顾客便会产生物有所值的感觉，最终赢利的还是你。

专家支招

（1）销售员必须学会分解和淡化烦恼与不快，时刻保持一种轻松的情绪，笑容自然。

（2）销售人员要想保持愉快的情绪，心胸宽阔至关重要。接待过程中，难免会遇到出言不逊、胡搅蛮缠的顾客，一定要记住“忍一时风平浪静，退一步海阔天空”。

亲和力要靠笑容传递

中国有句古话：“人无笑脸莫开店。”这句话充满着睿智和深深的含义，小海的经历充分证实了这句话的正确性。

高中毕业后，小海没能考上大学，他在家人的帮助下开了一家礼品店，由于小海从小性格内向，不苟言笑，因此虽然到他店里的人不少，但大家一看到小海那严肃的面孔，便连价格也不问就转身离去了。长此以往，因为生意惨淡，小海不得不关闭了自己的礼品店。

其实小海心地善良，有时他还会主动帮助别人，但却由于不会微笑，把顾客拒之于门外，生活中像小海这样的人很多很多。

专家点评

所有的销售都是在微笑中完成的。但遗憾的是，许多销售人员并没有留意和把握好这个技巧。

俗话说，对方是自己的一面镜子。当你满面笑容地出现在客户面前的时候，当你在微笑中与客户谈话交流的时候，当你笑意盈盈地与客户挥手道再见的时候，客户还会拒你于千里之外吗？你的微笑已经无声地告诉客户，你很友善，你很欣赏他，很喜欢与他交往，那么他必然会觉得开心，会乐意与你交往。

专家支招

（1）让客户接受自己最快的方法就是微笑，真诚的、自然的微笑。

（2）用始终如一的微笑去面对每一位客户。

和气生财

曾经有这样一位母亲，她原来是一位优秀的服务人员，工作时总是给顾客最真诚的微笑。她对同事说："这个世界上每个人都有烦恼，但关键是人不能被烦恼所支配。来上班的时候，我把烦恼全部留在家里；而回到家时，我就把烦恼全部留在单位，这样一来，我总是远离烦恼，而且总能保持很轻松愉快的心情。"

后来这位母亲开了一家小店，她和女儿轮流照看着。因为母亲原来就是服务人员，所以在对待顾客时总是和和气气的。每当有人光顾，她总是笑脸相迎，能够在顾客刚进门的时候就赢得他们的好感。即使顾客对商品挑剔得厉害，问的问题再多、再繁琐，她也始终保持着笑脸，而且有问必答。即使对待砍价很离谱的顾客，她也不失笑容，还建议顾客到别的地方再看看，货比三家后再做选择。就这样，货真价实的商品，加上母亲热情周到的服务，使小商店赢得了不少回头客。每当这位母亲看店时，总是门庭若市。

但是等到女儿做老板看店时，店里的情况却恰恰相反。女儿总摆出一副老板的架势，即使顾客进门了，她也神情淡漠，很少开口向顾客问好。顾客在挑选商品的时候，她不是嫌顾客挑挑拣拣，就是说顾客砍价“开荤”，而且还时不时地与顾客争吵。母亲眼见商店的生意因为女儿的原因渐渐下滑，无奈之下，只好选择雇别人来看守小店。

专家点评

人们往往把微笑和服务联系在一起，虽然服务不只是微笑，但服务却离不开微笑。因为微笑中包含着平等、热情、诚恳和纯真，充满着神奇的魅力。微笑背后传达的信息是：你很受欢迎，我喜欢你，你让我快乐，我很高兴见到你。

世界上最伟大的推销员乔·吉拉德曾说：“当你微笑时，整个世界都在笑。一脸苦相是没有人愿意理睬你的。”当你面露微笑的时候，别人会知道你是友好、热情和坦率的。微笑是非常容易的一件事情，但微笑的魅力却是无穷的，尤其对服务人员来说，微笑是给客户留下好印象的第一策略。

专家支招

（1）永远不要吝啬你的微笑，轻轻一笑，胜过万语千言。

（2）毫不装饰的微笑才受欢迎。

用微笑留住客户

有一次，一个巨大的汽艇展示会在底特律的哥堡大厅举行，展示包括从小帆船到豪华巡洋舰在内的各种海上船只。

有一位来自中东某产油国的富翁，停在一艘陈列的大船前面，向站在那里的销售员说："我要买价值2000万元的船只。"本来，这是任何销售员求之不得的事情。可是，站在船旁的那位销售员，只是看着这位有购买潜力的客户，好像对方是个浪费他时间的疯子。这位销售员脸上缺少的东西就是微笑。石油国富翁看到这张没有微笑的脸，走开了。

他走到下一艘陈列的船只前面，受到了一个年轻销售员热诚的招呼。这位销售员脸上挂满了欢迎的微笑，就跟阿拉伯的太阳一样灿烂，使客户感到了宾至如归的轻松和自在。他再一次说："我要买价值2000万元的船只。"

"没问题，"这位销售员仍然微笑着，"我会为您展示我们的系列产品。"看完大船后，这位客户当场就付了定金，第二天送来了一张2000万美元的支票，而这位有着灿烂微笑的销售员获得了高达20%的利润。

专家点评

当一名销售员真正学会微笑的时候，就向成功迈进了一大步。微笑，可以拆除人们之间心的壁垒，使人们敞开心扉；微笑可以赶走悲伤、不安，也能打破僵局。

当然，谈成一笔交易，绝不仅仅是只有微笑就够，但微笑是不可或缺的，否则，你就会把一个准备购买的客户赶到自己的竞争对手那边。

专家支招

任何时候，不要吝啬自己的微笑。

笑容赢得顾客心

一天，美时钻品牌专柜来了三位顾客，营销员韩月热情地接待了他们，得知顾客想选一款钻石吊坠，韩月便根据顾客的脸型，一边讲解，一边细心地帮助顾客挑选适合的款式。虽然顾客对其中一款很满意，可并没有马上购买的意向。其中一位顾客说："不好意思，麻烦你了小姑娘，我们刚到兴隆百货，还想去别的品牌柜看看。"

小韩微笑地说："没关系，要是我买东西也得好好选一选呢，如果没有合适的您再回来！"

没过多久，顾客果然回来了，但是他们拿出一款刚刚在其他品牌柜购买的钻石吊坠给小韩看，并说："小姑娘，你帮我看看，这款式怎么样？我相信你！"

小韩并没有因为顾客没在自己的品牌柜选购商品而对顾客冷淡，而是依然面带微笑地说："这款非常适合您，也很漂亮，很高兴您能选到自己喜欢的款式。"

顾客看了看韩月说："我没在你的柜台选购商品，你没有生气，还这么热情地接待我们，真是没想到啊！其实你家的款式也很好看，小姑娘，就冲你的服务和笑容，我决定在你这里再选一款。"

就这样，三位顾客在其他柜台选购了 3 万多元的钻石吊坠后，又在美时钻专柜选购了一款 18000 元的吊坠。

销售员对客户的尊重和礼貌不能是因为客户购买了你的产品，而是因

为销售本来就是服务，销售员要用服务把自己销售出去。作为销售员，让客户满意你才是目标，客户对你满意，购买产品便是顺带的事情。案例中，营业员小韩用不变的笑容，热情周到的服务，赢得了顾客的赞誉，更赢得了销售业绩。

专家支招

（1）销售员的优质服务要从点点滴滴做起，哪怕只是一个灿烂的笑容。

（2）销售员要将为客户服务看成是一种助人为乐的享受，服务客户，快乐大家。

笑声传递热情

香港电信有很多负责客户服务的技术人员，在电话中处理客户的投诉。当一线的技术人员不能解决问题时，问题将升级，由更资深的技术工程师来解决。

香港电信发现，很多在一线得不到解决的问题，其实并非一线的技术员不能解决，而是这些技术人员在解决客户问题时，表现出不耐烦，甚至很不礼貌的现象，才导致问题升级。为了解决这个问题，香港电信想了很多办法：如组织大家出去旅游，散散心；请优秀的培训师为大家培训客户服务技巧；甚至针对这种情况，专门制定严格的考核标准等，花了不少钱，浪费了不少时间，最终效果还是不理想。

最后，有一个员工想了一个很简单的办法，就是给每个技术人员配了一面镜子，并要求技术人员在给客户解决问题时要面对镜子开心地笑，同时保证笑声能够让对方听得见。

没想到，小小的策略，尴尬局面一下子就改观了。这样做一方面解决了客户的问题，另一方面还将快乐传递给了客户。

专家点评

日本寿险之神原一平连续十年蝉联日本寿险界冠军，他的法宝就是有一个价值百万的“婴儿般的微笑”，然而这个法宝只有在面对面拜访时才有效，如果要原一平来做电话营销，他这个价值连城的“婴儿般的微笑”恐怕就一文不值了。

为什么呢？道理很简单，因为在电话沟通中，对方是看不到你的微笑的。这个时候，就必须要求我们电话营销人员笑出声来，这就是秘诀所在。稍稍的改动，大家觉得没什么了不起，但在电话营销实战之中，这个稍稍改动的部分，却可以让我们电话营销人员脱胎换骨，所向披靡。

专家支招

（1）电话营销人员在打电话时仅仅微笑是不够的，还要笑出声来。

（2）销售人员的笑声要自然、真诚。

笑容的感染力

笑声能把快乐传递给每一个人，一位售票员讲了这样一件事：

每天在车厢中，他看到的都是一张张充满紧张、疲惫的面孔。在一个春天的早晨，和往常一样，人们上班时步履匆匆地挤上了客车。客车开始起动了，大家都紧绷着脸一言不发，有的人闭目养神，有的人注视着窗外，还有的人显得非常焦虑，但大家都保持着沉默。这时候，一位年轻妇女抱着的婴儿，天真地注视着坐在她妈妈身边的年轻人，咯咯地笑出声来。那位年轻人也冲婴儿笑了起来，并同她的妈妈谈论起婴儿以及自己的儿子。于是，整个车厢被婴儿的笑声和年轻人的谈笑所感染，大家相互交谈起来，不时发出笑声，整个车厢充满了快乐。

那位售票员深受感动，以后在售票时，他都会对乘客报之以微笑和问候，他本人也被公司评为最佳售票员。

专家点评

微笑最显著的特征就是它的感染力。你的笑容将会直接影响他人对你的看法，并且决定对方回应你的方式。当你向某人微笑时，无论真诚与否，对方都会自然地回馈给你一个甜美的微笑。

微笑是对别人友好情感的表达，是人际交往的润滑剂，销售人员的微笑更是可以创造一种和谐融洽的气氛，让服务对象倍感愉快和温暖。

专家支招

作为一名销售员，真诚的微笑应时刻挂在脸上，感染客户。

微笑的力量

有一位从事销售行业的单身女子奥丽芙刚刚搬了新家，她发现隔壁住着一个寡妇和两个小孩，是一户穷人家。一天晚上，奥丽芙居住的那一带忽然停电了，她只好点起了蜡烛。过了一会儿，隔壁邻居的小孩子来敲门，紧张地问："阿姨，请问您家有蜡烛吗？"

奥丽芙心想："难道他们家穷到连蜡烛都没有吗？千万别借给他们，免得被他们赖上！”于是，对孩子吼了一声说：“没有！”

正当奥丽芙准备关上门时，那小孩露出关爱的笑容说：“我就知道您家一定没有！”说完，竟从怀里拿出两根蜡烛，说：“妈妈和我怕您一个人住又没有蜡烛，所以让我带两根来送您。”

奥丽芙顿时被小孩子的笑容感动了，她深深地体会到了笑容的力量。在后来的工作中，她的脸上也出现了真诚的笑容，而且越来越多，同时她的业绩也随之越来越好了。

专家点评

微笑可以缩短人与人之间的距离，化解令人尴尬的僵局，沟通彼此的心灵，使人产生安全感、亲切感以及愉快感。对于从事销售服务行业的人来说，微笑是一项投资最少、回报最大的资产。

销售人员的微笑可能会消除客户的些许苦闷，驱散客户一身的疲惫；可能会使客户感觉到你的诚心，原谅你的无意之失；可能会给客户带来愉悦，使他有个好的心情。

专家支招

（1）树立微笑意识，将微笑贯穿于接待服务的全过程。

（2）只有真诚、友善、亲切、大方、自然，才会带给客户愉快和舒适。

微笑服务暖人心

张先生有一次在某银行办理取款业务，银行职员机械地为他办着手续，面无表情，办好之后，把他的储蓄卡和现金不屑一顾地往柜台一丢就完事了。张先生只得一一把卡和现金从冰冷的柜台上拿起，心里别说有多不舒服了，取自己的钱还要看别人的脸色，心里着实窝火。几次这样的冷遇后，不到万不得已，张先生一般不到这家银行办理业务。

张先生在另一家银行办理业务时，感觉却不一样，轮到他时，银行的职员小姐会面带笑容："对不起，先生，让您久等了，请问办什么业务？"

张先生说："取款。"

她就会接上一句："请稍等。"办好之后，她把卡和钱亲自交到张先生的手中。并说："这是您的东西，欢迎下次再来。"张先生感到心中暖洋洋的。心想，这种人性化的服务真是让人高兴，打定主意，以后的业务都到这里来办。

专家点评

正所谓："诚招天下客，客从笑中来；笑脸增友谊，微笑出效益。"其实，微笑是一种特殊的语言，表达着尊重、亲切、友善等内涵。

俗话说"于细微处见精神"，在服务工作中，微笑是服务行业从业人员必备的素质，服务人员面带微笑，客户就有了宾至如归的感觉。我们倡导微笑服务，就是要以微笑为纽带，提升服务质量，促进经济效益的发展。

专家支招

（1）笑迎天下客是服务工作的宗旨，是与客户打交道的基本态度。

（2）微笑不能只是表面，不是简单的一笑了之，而是要发自内心的真情服务。

要微笑服务，也要解决问题

某日华灯初上，一家餐厅里客人满堂，服务员来回穿梭于餐桌和厨房之间，一派忙碌气氛。这时一位服务员跑去向餐厅经理汇报，说客人投诉有盘海鲜菜中的蛤蜊不新鲜，吃起来有异味。

这位餐厅经理自信颇有处理问题的本领和经验。于是不慌不忙地向投诉的客人那个餐桌走去。一看，正是老食客马丁森先生。经理心中有了底，于是迎上前去一阵寒暄："马丁森先生，今天是什么风把您吹来了，听服务员说您觉得蛤蜊不大对胃口……"

这时，马丁森先生打断他说："并不是对不对胃口的问题，而是我请来的日本客人尝了蛤蜊以后，马上告诉大家这道菜不能吃，有异味，是变了质的海鲜，吃了非出毛病不可！我是东道主，自然要向你们提意见。"

经理听完后，满脸堆笑解释说："蛤蜊不是活鲜货，虽然味道有些不纯正，但吃了也不会有事，希望您和您的客人能够谅解。"

谁知此时，在座的那位日本客人突然站起来，对餐厅经理颇为不满，他的大致意思是：亏你还笑得出，我们拉肚子怎么办？你们饭店应该负责任。这突如其来的兴师问罪，使得经理脸上的微笑变成了哭笑不得。经理想，这可怎么办呢？微笑服务是饭店员工首先应该做到的。于是，经理仍旧微笑着准备再作一些解释，不料，这次的微笑惹得那位日本客人更加恼火，直接要求见老板。

专家点评

由于餐厅经理考虑不周，微笑服务反而走向反面，引发了不愉快的结局。这位餐厅经理错就错在不应该由于认识客人而想采取大事化小、小事化无的态度，相反应该一视同仁，诚恳虚心地接受任何一位客人的意见。如果他能站在客人马丁森先生的角度，考虑其处境或考虑到客人吃不到新鲜的蛤蜊以后，可能产生的种种后果，那么最后的僵局可能不会出现。

专家支招

（1）微笑并不是到处可以套用的化解问题的最好方式，任何时候对客户都要真诚负责。

（2）微笑服务的同时要解决客户的实际问题。

切记过犹不及

一位老板想招聘化妆品柜员，最后选定了两位候选人。

露西：身材高挑，容貌美丽，伶牙俐齿，充满热情。

伊丽：身材适中，容貌平平，温文尔雅，不卑不亢。

老板让两位小姐在相邻的两个店里试营业一天，根据营业额的多少，最后确定人选。

这天一大早，两个店同时开门，两位小姐身着相同服饰，在柜台迎接顾客。

这时，走来一位中年顾客，他先来到露西店里。露西满脸堆笑，连珠炮似地说："这位先生，欢迎您光临敝店。您是想为自己还是您太太选点什么吗？”

中年男士看看露西，小声嗫嚅着：“嗯，想……想给太太……”

没等中年男士把话说完，露西便抢着说：“哦，您可真是位体贴太太的好先生！来，先生，这是刚上市的‘俏佳人’美容霜，最适合您太太了，我猜，您太太一定皮肤白皙，不过有点儿干燥。擦上‘俏佳人’之后，保证您有换了更漂亮的太太的感觉。先生，来，我先给您在手上涂点儿，您试试！”

然后，她不由分说，拉起男士的手，给他在手背上涂了一大块“俏佳人”。这位男士还没弄清怎么回事，手上却已经抹上了化妆品，他心想：这小姐如此热情，难道是想把最差的东西卖出去？叫卖得最厉害的产品，往往都是店里的存货，我还是要好好考虑，慎重一点。

这位男士对露西笑了笑，说：“哦，好好好，我再到别处瞧瞧，比比看。”随即一转身，逃之夭夭。

这位男士出了店门后，来到伊丽的店。伊丽微笑着向他点点头，然后静立一旁，一言不发。而这位男士在柜台旁看来看去，不知哪种化妆品好，本想等伊丽主动介绍，但见她胸有成竹、不卑不亢地站在一旁，他便上前一一询问了各种化妆品的功能，伊丽也一一作答。最后，男士挑选了一种化妆品，付款后满意离去。

男士最后选中的依然是“俏佳人”美容霜。

这次比赛的结果可想而知，付出巨大热情的露西失败了。老板在和露西再见时说：“请仔细体味一下‘过犹不及’这句话。”

专家点评

过分的热情和微笑会让客人感到无所适从。从表面看来，微笑服务可谓殷勤周到，但却适得其反。微笑服务的同时还要注意保持适当的距离。一切视客人的需要服务，客人的任何示意，及时准确理解，并马上服务到位，做到亲切自然，落落大方，这样才会给客人如沐春风的感觉。

专家支招

销售员应把握好服务中“冷”和“热”的尺度，做到热中有冷又不失彬彬有礼，为客人创造一个私人空间。

用微笑和诚意化解危机

飞机起飞前，一位乘客请求空姐给他倒一杯水吃药。空姐很有礼貌地说：“先生，为了您的安全，请稍等片刻，等飞机进入平稳飞行后，我会立刻把水给您送过来，好吗？”

15分钟后，飞机早已进入了平稳飞行状态。突然，乘客服务铃急促地响了起来，空姐猛然意识到：糟了，由于太忙，她忘记给那位乘客倒水了！当空姐来到客舱，看见按响服务铃的果然是刚才那位乘客。她小心翼翼地把水送到那位乘客跟前，面带微笑地说：“先生，实在对不起，由于我的疏忽，延误了您吃药的时间，我感到非常抱歉。”

这位乘客抬起左手，指着手表说道：“怎么回事，有你这样服务的吗？”

空姐手里端着水，心里感到很委屈，但是，无论她怎么解释，这位挑剔的乘客都不肯原谅她的疏忽。

接下来的飞行途中，为了补偿自己的过失，每次去客舱给乘客服务时，空姐都会特意走到那位乘客面前，面带微笑地询问他是否需要水，或者别的什么帮助。然而，那位乘客余怒未消，摆出一副不合作的样子，并不理会空姐。

临到目的地前，那位乘客要求空姐把留言本给他送过去，很显然，他要投诉这名空姐。此时空姐心里虽然很委屈，但是仍然不失职业道德，显得非常有礼貌，而且面带微笑地说道："先生，请允许我再次向您表示真诚的歉意，无论您提出什么意见，我都将欣然接受您的批评！"那位乘客脸色一紧，嘴巴准备说什么，可是却没有开口，他接过留言本，开始在本子上写了起来。

等到飞机安全降落，所有的乘客陆续离开后，空姐打开留言本，却惊奇地发现，那位乘客在本子上写下的并不是投诉信，相反，这是一封热情洋溢的表扬信。

是什么使得这位挑剔的乘客最终放弃了投诉呢？在信中，空姐读到这样一句话："在整个过程中，您表现出的真诚的歉意，特别是您的 12 次微笑，深深打动了我，使我最终决定将投诉信写成表扬信。您的服务质量很高，下次如果有机会，我还将乘坐你们这趟航班！"

专家点评

微笑服务是一种以客户为本的服务理念，提倡微笑服务是使消费者满意的良方。案例中的空姐面对乘客的抱怨和不满，没有摆出一副愤恨的脸色，而是用微笑和诚意化解了这场危机。这是值得销售人员学习的，要赢得消费者，就要懂得用微笑化解危机。

专家支招

销售人员不管面对的是客户的责难还是表扬，都要以诚为先，微笑相对，这样才能赢得客户的心。

第五章

闲谈引发共鸣，广交天下朋友

扩大人际关系的关键取决于相互之间的交流，许多事就是在不经意的闲谈中找到双方的共同点，在思想上和心理上产生共鸣，达成共识，从而获得别人的认同，使你和他人之间建立良好的关系，推销就轻而易举地完成了。

人与人之间的交往，是从交谈开始的，闲谈是交朋友、拉近距离、在思想上沟通的有效手段。很多时候，通过闲谈，可以让两个毫不相干的陌生人交上朋友。

闲谈从兴趣爱好入手

有一次，一位销售员到某厂联系业务。一进厂长办公室，只见墙上挂了几幅装裱精致的书法长幅，仔细一看，是篆书，便同厂长闲谈起来："厂长，看来您对书法一定很有研究。唔，这幅篆书写得好！称得上'送脚，如游鱼得水；舞笔，如景山兴云'。妙！看这里悬针垂露之法的用笔，就具有多样化的变化美。好，好极了！"

厂长一听，此人谈吐不俗，还懂汉代曹全的悬针垂露之法，一定是书法同好，连忙热情地招呼说："请坐，请坐下细谈。"

这样，厂长无意中已把这位"书法同好"视为知音了，后来销售员引入谈业务之事时，自然就好说多了。

专家点评

人们的兴趣爱好往往牵连着头脑中的兴奋点。如果根据不同人的兴趣爱好，从不同的话题入手，通过闲谈，常常可以比较容易地开启对方的心扉，步入对方的心灵深处，有效地激发对方的感情共鸣。

每个人都愿意和自己兴趣相同的人交朋友。销售员应该多花心思去了解客户的爱好和兴趣，在这上面打开沟通的匣子，找到共同点与突破口，和客户建立起相互珍惜的朋友关系，那个时候生意就好做了。

专家支招

（1）用心了解客户的爱好和兴趣，找到有共同语言的话题。

（2）从客户感兴趣的话题入手，证明自己也是这方面的爱好者，让客户把自己当成知音，迅速融洽双方的关系，这样，陌生人就成了朋友。

处处留心皆生意

有一次，一位销售经理陪同业务员曾小姐到一家首饰店谈业务，由于曾小姐一直都在这家首饰店买贵重首饰，出发前，她充满信心地认为首饰店老板一定会向她购买保险。

没想到，当曾小姐将商品介绍完之后，首饰店老板只是微笑地说："好，没问题，我一定会仔细研究，要买的时候再告诉你。"没有当场签约。

经理和失望的曾小姐走出首饰店后，看见首饰店的隔壁恰好有一个小小的水果摊，于是经理就请曾小姐坐下来吃水果。

"老板娘，你在这边卖水果多久了？"经理一边吃着水果，一边问。

"快20年了。"老板娘说。

"喔，那你一个人忙得过来吗？还是老公去进货了？"经理又问。

"唉，我老公就是因为过去太忙了，现在得了肝癌。"老板娘叹了一口气。

这时候，曾小姐拉拉经理的衣角，很小声地说："经理，她看上去很穷，没钱买吧？"

经理摇摇头，示意曾小姐别出声，继续与老板娘闲聊，聊着聊着，就聊到了保险上面。

此时，老板娘说："从来都没有人跟我谈过保险啊……"

"那你觉得每个月大概可以存下多少钱来买保险呢？"经理接着老板娘的话问。

"每个月5000元应该没问题吧！"老板娘说。

于是，这位经理立刻拿出资料，向老板娘介绍产品，不到一个小时，老板娘就购买了。

专家点评

有时候，销售员以为一定会购买产品的人却没有买，而以为不会买的人竟然买了。所以，销售工作不能用“以为”来评估。

从事销售工作，如果只是靠感觉，就会失去很多好机会。其实，每接触一个人，销售员都可以以闲谈为切入点，了解潜在客户的现况和想法，激发他们的购买欲望。

专家支招

人人都是客户——销售员可以分先后顺序来拜访客户，却不能放弃与任何一位准客户谈话和见面的机会。

友情就在一句话里

一家公司的销售部经理田先生到四川度假。晚餐的时候他来到餐馆，餐厅里几乎坐满了人，田先生用眼光扫了一圈，发现靠里面的位置有一张两人桌还有一处空位，于是他走了过去，主动向坐在旁边的那位先生亲切地打招呼：“您好。”对方有些惊诧，但也很有礼貌地回应了。

田先生问：“请问这位子有人吗？”

对方说：“没有。”

田先生便说：“我可以坐在这里吗？”

对方很热情地请他坐了下来。

田先生坐下后说："我今天刚从上海坐飞机到这里。这里的景色真是优美，感觉整个人都平静了很多。"

对方说："是啊，那你去九寨沟了吗？我家就在那里，那里的景色更值得一看，电视剧《东游记》就是在那拍的。"接着，他同田先生谈起了四川的风土人情、自然景观，之后又给了他一张名片，原来他是某大公司的业务主管。

田先生也递出自己的名片，这位业务主管看到田先生的名片，很是惊喜："啊！原来你在广告公司高就啊！看来真是太有缘了！是这样，我们公司想在上海成立一个办事处，正想找一个广告公司合作呢！"

田先生一听也很高兴，于是两个人把谈话的地点换成了酒店客房，后来田先生竟然签了一个上百万的订单。

专家点评

这种由闲谈得到签单的机会不是人人都能得到，但这个故事还是充分说明了有时候友情就在一句话里面。把握好闲谈交友的机会，可以大大拓展一个人的社交范围。

人与人之间的交往，都是从交谈开始的，闲谈是交朋友、拉近距离、在思想上沟通的有效手段。很多时候，通过闲谈，可以让两个毫不相干的陌生人交上朋友。

专家支招

（1）作为销售人员，一定要主动结识陌生人，扩展社交范围。

（2）找些双方都感兴趣，都愿意花时间谈下去的话题。

攻陷女性消费者

张华步入营销行业已有两年，如今他已经成了公司的业务骨干。他认为向上班族女性推销产品的最佳时间是午休时间。通常，他在第一次拜访时只是将目录送给她们参考，并且约好下次的时间就离开了。在离开前还会分送些小点心，以加深她们对自己的印象。第二次大约12点半他利用她们的午休时间，准备好手提CD音响和一些点心，加入女性们的闲谈行列，像朋友般闲聊着。“看你们聊得这么高兴，这个请你们尝尝，好吃喔！”吃完零食后，接着，放一些时下流行的音乐，让气氛活跃起来。“感觉如何呢？这音乐很棒吧！下次我多带几张新专辑给大家，好吗？”这时，周围的女性职员都靠了过来，场面顿时热闹起来。

“这是我们公司最近生产的CD音响，效果大家已经听到了，这是目前市面上最受欢迎的机型，这一期的《读者》也有推荐喔！”接着，张华大略说明了产品的特色和功能，进一步攻陷她们的心：“只要你们从薪水里抽出300元就可以了，相当于一件衣服的钱而已，李小姐买一台吧！”边说边将订单拿了出来，让她们在热闹的气氛里买下了产品。

专家点评

闲聊能够缩短人们之间的心理距离，消除彼此的戒备心理。办公室女性爱闲聊而且话题非常广泛，销售员如果加入其中，能让她们感觉如沐春风，这样就能让销售工作取得事半功倍的效果。

闲聊并非与业务毫不相干。其实，闲聊是谈话的序曲，它会将谈话不知不觉地过渡到业务销售中。越精通闲聊的人越能在进入销售主题后占据主动。

专家支招

（1）销售人员在和女性客户的闲聊中制造一种愉快的谈话气氛，就可以使她们不知不觉买下产品。

（2）闲聊要选择恰当的时候，聊客户感兴趣、喜欢聊的话题。

闲聊拉近距离

有两家商店同时装修同时开业，商店设备也大致一样，但经营了一年之后，甲店比乙店经营得好，一个赚了而另一个亏了。

为什么同时开业，同样的“硬件”，但却有盈有亏呢？

说起来十分简单。甲店的老板喜欢和客人闲聊，久而久之，客户的所需所爱也就全在老板的了解之中。所以，当客户要为家里的老人买饼干，他会说：“这位太太，老年人吃这种饼干不好，您可以试试这种，这种饼干好消化。”或者他会说：“李妈妈，小男孩吃这种饼干很好喔，因为这种饼干添加了钙，而且这种包装，送礼大方，价格便宜，高贵不贵，送礼自用两相宜。”

当他看到王先生的太太没有常来时，便会问：“王先生，夫人今天怎么没来？”

“她不太舒服，头痛症又发作了。”王先生回答说。

甲店老板就会像关心自己亲人般告诉王先生，头痛要注意些什么，有哪些医生不错可以去求诊，并请王先生带话给王太太，要她好好保重。最

后，还不忘拿些小点心，要王先生带回去给太太吃。

专家点评

掌握客户的心理，往往就是销售制胜的法宝。甲店的老板经营得好，主要就是因为他经常和客户闲聊，在谈话之中就了解到了客户的需求，同时也拉近了自己和客户的心理距离，进而使客户有种安全感。

如果在销售工作中，客户对销售员充分信赖，而销售员也了解客户的需求，这样的行销岂有不胜的道理？

专家支招

在适当的时候，销售员要随和地与客户闲聊，不要摆出一副高高在上的产品专家的姿态。

掌握各类信息，闲谈才有话题

香港九龙有一家商店，生意非常兴隆，有人向老板讨教发达的秘密。

老板说："我每月把报纸杂志都买回来，规定每个职员在早上没有开始工作前一定要阅读报纸、杂志，这是每日的必修功课。当顾客来时，他们就可以一边工作一边把自己看到的新闻和各种各样有趣的事讲给顾客听，以此博取顾客的欢心。"

专家点评

老板说的确实很有道理，试想一下，如果销售人员是胸无点墨的人，又不喜欢看书报或没工夫看书报，就可能会因找不到与客户攀谈的话题而无话可说。

从事销售活动的过程中，与人攀谈不仅能使你多了解信息、掌握信息、传递信息，而且能帮助你调节人际关系，对于你的人际交往和事业是大有裨益的。

专家支招

作为一个销售人员应多读书报，这并不是说要对各种专门学问都有精深的研究，而是要对各类新闻与常识略知一二。

与客户有目的地沟通

某保健品公司的销售人员小杨进入一个住宅小区，看到小区绿地的长椅上坐着一位孕妇和一位老太太，她走到小区保安那里假装不经意地问："那好像是一对母女吧？她们长得可真像。"

小区保安回答："就是一对母女，女儿马上就要生了，老太太特地从老家来照顾她。"

小杨也来到了绿地旁，她亲切地提醒孕妇："不要在椅子上坐的时间太长了，外面有点凉，你可能现在没什么感觉，等回去以后会感觉不舒服的，生下小孩以后就更要注意了。"然后她又转向那位老太太："现在的年轻人不太讲究这些，有了您的提醒和照顾就好多了。"

老太太说："就是，现在的年轻人啊，你跟她说啥她都不当回事……"

她们从怀孕和生产后的注意事项一直讲到生产后身体的恢复，再讲到老年人要加强保健时，小杨已经和那对母女谈得十分开心了。接下来，那对母女已经开始看小杨随身携带的产品资料和样品了……

专家点评

有些销售员在一开始就像背诵课文一样介绍产品的相关信息，希望一股脑儿把有关产品的信息迅速灌输到客户的头脑中，却根本不考虑客户是否对这些信息感兴趣。

这种带有浓厚商业气息的开场白就已经为销售的失败埋下了种子。如果销售人员不关注客户的需求，那么即使把产品说得天花乱坠也于事无补。

专家支招

（1）销售人员首先要从关心客户的需求入手。

（2）在与客户沟通之前要认真分析，准确把握客户最强烈的需要，然后从客户的需求出发寻找共同话题。

从生活话题开始聊起

和陌生人交谈时，能谈些他感兴趣的话题最好，实在找不到，也可以谈一些双方都不讨厌的事，以避免冷场。以生活为中心的话题就属于这一类，而且谈话双方都熟悉，有东西可谈。诸如天气、学校、生活环境等都属于生活话题。

一次，一位推销员去推销一种新型化妆品。女主人打开门后，她先表明了一下来意，然后和女主人聊起了气候。

“最近天气真干燥啊！”

“是啊。”

“这样干燥的天气，皮肤很容易变粗。”

“是啊。”

“不过我试过这种化妆品，保湿性能非常好的。”

就这样打开了话匣子。

专家点评

在日常生活中，每个人都会遇到或多或少的小麻烦，而你的产品正是针对这些麻烦开发出来的，那么你不妨就从日常生活着手开始和顾客的对话，然后引到生活中的困难里去，再帮他找出解决办法。尤其是在推销化妆品、洗涤液等生活用品时，这种方法比较有效。

专家支招

销售员和陌生客户接触时，找一些生活话题聊能产生共同语言。

谈论客户的细微小事

有一次，销售员小李去一个单位推销办公文具，因为没有熟人，也没有什么用得上的关系，当时就被对方直接拒绝了。他失望地走出了这家单位。在单位大门口，他意外地遇到了一个人，似曾相识，好像在哪里见过，当那个人走近时，他突然想起来，在一次文化沙龙上见过这个人，这个人是一个杂文家，当时在沙龙上作了演讲。

小李主动与对方搭讪：“您就是作家 ×× 吧？”

对方一听小李叫出了自己的名字，停了下来，十分友好地问：“正是在下，请问先生怎么称呼？”

小李说出自己的姓名，又对那个作家说："上次在文化沙龙上，我听了您的演讲，您讲得真好。"

接着，小李说出了演讲中的一些细节。比如，主办者如何向大家介绍，中途有人提问了什么，以及这个作家的演讲内容等。

这个作家见小李连细节都记得这么清楚，心里乐滋滋的，信任感油然而生。他笑着对小李说："没想到你听得这么用心，有些细节我自己差不多都忘了。"接着他问小李来这里是不是有什么事。

小李把销售产品的事一五一十说了出来，作家听后说："这是小事一桩，我帮你打个招呼就行了。我跟他们头头是铁哥们儿。"

小李只不过因为参加了那次文化沙龙，对方虽然并不认识他，但因为他注意了沙龙上尤其是那位作家的一些细节小事，就这样顺顺利利地把事情办好了。

专家点评

每个人都喜欢被别人关注，在交友办事之中，能够记住对方的一些细节小事，不仅可以赢得对方的信任，而且是你求人办事的敲门砖。

销售员要想消除对方的戒备心，使对方对你产生亲近感，就应该记住与他有关的一些细微事情，并找机会说给他听。这样你就可以赢得对方的信任，办起事来就容易得多。

专家支招

（1）在销售过程中，要注意与人交往的细节，记住客户的细微之事，让他感到自己被重视和尊重。

（2）平时就要注意观察，多留个心眼，将客户的小事放在心上。

声东击西接近客户

都说陌生拜访会有许多难堪，小张就不信这个邪，武装好自己后，就在街头寻觅他陌生拜访的第一个客户。

傍晚，他来到一家小店门外，看到老板娘是一个年轻的妈妈，生意不多，她正在哄着孩子玩。小张思量着该如何接近她，当他看到柜台上放着的那部公用电话，灵机一动，想到了一个好办法。

小张走过去，放下包，将包上的“××人寿保险有限公司”字样对着这位年轻的老板娘，然后抓起电话，接着拨下一串号码，良久，没人接，再拨号，还是没有人接，20分钟过去了。

“怎么这么久没人接？”老板娘发话了。

“是啊，一家人约我来给他的孩子办保险，可是现在还没回来，工作一定很忙……”

“你是保险公司的？”

就这样他们聊开了，聊了很久，电话仍是没有回音。

小张聊到了老板娘的孩子是如何的健康、聪明、活泼、可爱……直到他签完了老板娘孩子的保单，电话一直没人打过来。

专家点评

陌生拜访中，由于双方都是第一次接触，直接开口介绍业务很唐突，也会让对方产生戒备心理。那么怎样才能和客户进行顺利的谈话呢？

富有亲和力的闲谈是重要的前奏，而是否能得到闲谈的机会就在于销售员不要让潜在客户感觉自己的利益受到影响，要让客户觉得你不是为了利益关系来和他谈话。

专家支招

（1）销售员要学会声东击西，先利用人的好奇心，再激起客户的兴趣来同你聊天。

（2）聊天过程中，销售员不要表现出唯利是图的心态，要自然地聊起客户喜欢的话题，当然也别忘了自然地转移到业务话题上来。

闲聊有度，适时转入正题

小谢从事销售业的时间还不长，见到客户总是不能迅速切入话题。有一次她到一个客户家拜访，客户把她请进屋子。恰好，客户的儿子正在看动画片，她和客户边聊边坐在沙发上一起看了起来。聊了半个小时后，客户接了个电话说要出去，小谢只好跟着一块儿出来了。客户看着小谢的背影，琢磨起来：她是销售电脑来了，还是陪我聊天来了？

后来小谢又来了几次，聊了很多，可就是没有向客户推销，让客户购买。

不久，小谢的公司来了个男业务员，第一次就在电话里请那个客户买一部，并提出拜访要求，客户答应了他的拜访。在看了产品和介绍后，这位客户当即决定购买一台。

事后，小谢问客户："刘先生，我和您联系了一个月，您都没向我购买，为什么您就答应他了呢？"

客户说："你也没有说你要向我卖产品啊，我还以为你只是和我聊聊天呢！"

专家点评

尽管和客户聊一些题外话能够促进双方的感情交流，但如果花太多时间用来聊天而不是销售，则无疑是本末倒置。

不是每个客户都有闲情逸致跟销售员家长里短唠叨个没完，聊天应该把握一个限度，能够及时地将话题转移到产品、销售本身上来。

专家支招

（1）和客户聊天的话题最好和产品有关，能够顺利地转移到你拜访客户的目的上来。

（2）如果客户性格直率，你不妨直接阐述拜访的目的。

（3）控制闲聊的时间，不要让闲聊占用过多时间。

话题从赞美式提问开始

一位穿着优雅的年轻女士在一家首饰店的柜台前看了很久。售货员问了一句："小姐，您要什么？"

"随便看看。"女士的回答明显缺乏足够的热情。可她仍然在仔细观看柜台里的陈列品。此时售货员如果找不到共同的话题，让顾客开口，可能就会白白失去一笔生意。

细心的售货员发现了女士的裙装别具特色："您这件裙子好漂亮呀！"

"啊！"女士的视线从陈列品上移开了。

“这种斜条纹的色调很少见，是在隔壁的百货大楼买的吗？”显然这是售货员在设计话题。

“当然不是！这是从外国买来的。”女士终于开口了，并对自己的回答颇为得意。

“是这样呀，我说在国内从来没有看到这样的裙装呢。说真的，您穿这套裙装，确实很漂亮。”

“您过奖了。”女士有些不好意思了。

“只是……对了，可能您已经想到了这一点，要是再配一条合适的项链，效果可能就更好了。”聪明的售货员终于转向了主题。

“是呀，我也这么想，只是项链这种昂贵商品，怕自己选得不合适。”

“没关系，来，我来为您参谋一下。”

最后，这位女士在这家首饰店购买了一条自己满意的项链。

专家点评

销售者最难应付的客户，恐怕就是固执己见的客户和不爱讲话的客户。遇到不爱讲话的客户，就要主动发问，引他说话。同时也要记住，聪明的提问胜于逼问。优秀的销售员之所以优秀，是因为销售员在销售过程中对客户提出了好的问题，然后引导客户做出正确的购买决定。

每个人都有自己引以为骄傲的事物，每个人也都有那么点虚荣心，希望别人夸奖自己。有经验的销售者往往能在很短的闲谈时间内开始赞美式的提问，消除客户的戒备心理，进而促成买卖成交。

专家支招

（1）销售员应细心观察，从客户的穿着和言谈推测出客户的购买意向。

（2）赞美客户时要真情实意，说出的赞美之语，应既不流于俗套，又不让人感觉肉麻。

“你真有福气”

20世纪80年代初期，一推销员到农村集镇摆地摊卖军绿书包。一中年妇女来到摊位前，推销员就和她闲谈起来。从谈话中得知她今天到镇上用鸡蛋换钱买柴米油盐过日子。鸡蛋已卖掉，随便转转就回家。攀谈中他又知道她有两个儿子正在上中学。于是，推销员就说道：“你真有福气！”

这句话使这位妇女丈二和尚摸不着头脑：“我有什么福气？”

推销员说道：“多子多福呀。将来儿孙满堂多幸福啊。”

这番话十分中听，这位妇女笑逐颜开，推销员话题一转说：“要是你儿子知道你用卖鸡蛋的钱买书包供他们上学，他们该不知道怎样孝敬你才好呢？”妇女听了后更加高兴。

最后这位妇女买了两个书包，带着美好的希望，高高兴兴地回家了。

专家点评

对客户心理活动的关注与探究是销售人员不能忽视的问题，销售人员如果细心观察，就能区分每个顾客此时此刻的心境，就能谈起让他们开心的话题，满足他们的心理需要，让他们对你抱有好感。

专家支招

（1）销售员要善于把握客户心理，从与客户沟通感情入手，赢得客户的好感。

（2）销售员要思维敏捷，能迅速判别客户的心理需求。

发掘对方关心的事物

纽约有家著名的面包公司——迪巴诺公司，可是纽约的一家大饭店却一直未向它订购面包。4 年来，迪巴诺每星期必去拜访大饭店经理一次，也参加他所举行的会议，甚至以客人的身份住进大饭店。不论他采取正面攻势，还是旁敲侧击，这家大饭店仍是丝毫不为所动。迪巴诺回忆当时的情形说："我下定决心，不达目的决不罢休。我想我应该改变一下策略，就开始调查他所感兴趣的事情。

"不久，我发现他是美国饭店协会的会员，而且由于热心协会的事，还担任了国家饭店协会的会长。凡协会召开的会议，不管在何地举行，他都一定乘飞机赶去。

"第二天，我去拜访他时，就以协会为话题，果然引起了他的兴趣，他眼里发着光，和我谈了 35 分钟关于协会的事情，兴致勃勃地描述协会给他带来的无穷乐趣。他还准备扩大内部组织，又极力邀请我参加，对待我像一位老朋友一样。

"我和他谈话时，丝毫不提及面包。几天后，饭店的采购部门来了一个电话，让我立刻把面包样品和价格表送去。我有些喜出望外，准备好了东西，就赶到饭店。采购组长在谈正事之前，笑着对我说：'我真猜不透你使出什么绝招，让我的老板那么赏识你。'我真是哭笑不得，想想我迪巴诺面包公司并非无名，我向他推销了 4 年的面包，可连一粒面包渣都没有售出。如今我仅是对他所关心的事表示关注而已，形势竟完全改观。如果我依然没有发现他所关心的事，恐怕现在仍是跟在他身后穷追不舍呢。"

专家点评

迪巴诺面包虽然远近驰名，但迪巴诺的长期攻势却未见成效，而单凭与饭店经理闲聊对方有兴致的事，形势却大为改观。这就是投其所好的绝妙之处，在使自己被对方认同并喜爱后更容易达到销售的目的。

与客户交朋友的第一步就是要投其所好，与其聊天。销售员挖掘出客户的兴趣，和客户谈及时会让客户感觉投缘；谈论客户关心的事情也会让客户体会到销售员对他的尊重和重视。

专家支招

（1）销售员要具有坚持不懈的品质，同时要经常反省失败的原因，并敢于尝试新方法。

（2）对态度强硬的客户，一定要挖掘出他们的兴趣，投其所好。

激发客户的沟通兴趣

我们都知道要与准客户交朋友，就要当一名忠实的好听众，但是，假如准客户老是不开口说话，你该怎么办呢?

让我们来看看世界销售大师乔·吉拉德是怎样利用聊天接近客户的：

乔·吉拉德是世界上卖出汽车最多的业务员，对那些看上去有一些腼腆的看车人，他往往会主动对他们说：

“我有一项特殊的本领，我能看出一个人从事的职业。”

这往往会引起看车人的兴趣，当看车人看吉拉德时，并不会开口说话，吉拉德就接着说：“哦，我敢打赌，您是一位医生。”

在美国，医生不但是收入比较高的职业，还是令人尊敬的职业。当然，美国没有那么多医生。这位看车人并不恰好就是医生，但这么说就算是错了，看车人也不会生气，因为他觉得，在你眼里，他是受人尊敬的人物。

“不，不是。”看车人说。

“那么，您在哪里高就呢？”

“你不会相信的，乔，我在史丹肉类公司做事，”这时，看车人脸上会露出一丝羞涩，“我的工作是宰牛。”

“哇，太棒了！”乔·吉拉德热切地说，整个人看起来相当兴奋，“长期以来，我都在想，我们吃的牛肉到底是怎么来的。什么时候，我能去您那里看看吗？”

乔·吉拉德说的时候，是真的想去看，并不是敷衍客户。他们热烈地讨论起参观杀牛的事情，20分钟后，看车人完全被吉拉德感染，顺利地买下了车子。

吉拉德挑了一个不忙的时间，去参观宰牛工厂。在那里，乔·吉拉德见到了那位客户的许多同事，那位客户不断地向他的同事热情地介绍：“这就是卖给我车子的人。”乔·吉拉德又认识了许许多多可能买车的人。

当吉拉德下一次碰见肉类公司的看车人时，他就会说，我有一个朋友在史丹肉类公司，这样他们又找到了共同话题。

专家点评

销售员在采用聊天方式与客户接近时要从对方比较感兴趣的一个点入手，找出对方的兴趣所在，然后在轻松、愉快的气氛中一步一步接近自己的主题。

我们都知道，最好知道准客户是从事什么行业的。但是，如果你直接询问，则显得生硬，有时候还不能获得客户的直接回答。询问对方的职业与单位时，要用一些技巧。把对方说得稍微高一些就是很有效的技巧。

专家支招

（1）多谈客户关心和得意之事，这样可以赢得对方的好感和认同。

（2）利用人际网，闲谈可以找到类似的人际关系，表示自己对客户所在的行业感兴趣，拉近双方距离，这样对方谈起来才会兴致勃勃。

善于和对方闲聊

美国著名的柯达公司创始人乔治·伊斯曼，打算捐赠巨款在曼彻斯特建造一所音乐学校、一座纪念馆和一家戏院。为承接这批建筑物内的座椅业务，许多制造商展开了激烈的竞争，但是，找伊斯曼谈生意的商人无不乘兴而来，败兴而归，一无所获。

正是在这样的情况下，“优美座位公司”的经理亚当森，前来向伊斯曼推销，希望能够得到这笔价值 9 万美元的订单。事先亚当森经过了调查，知道伊斯曼对室内装修有着浓厚的兴趣和特殊的爱好，凡事喜欢自己动手，也喜欢向别人炫耀自己在这方面的眼光及手艺，在工作上又极为严厉和认真。

伊斯曼的秘书在引见亚当森前，就对亚当森说：“我知道您急于想得到这批订货，但我现在要提醒您，如果您占用了伊斯曼先生 5 分钟以上的时间，您就完了。他是一个很严厉的大忙人，所以您进去后要快快地讲。”亚当森微笑着点头称是。

亚当森被引进伊斯曼的办公室后，看见伊斯曼正埋头于桌上的一堆文件，于是静静地站在那里仔细地打量起这间办公室来。

“先生有何见教？”过了一会儿，伊斯曼抬起头来，发现了亚当森。

秘书作了简单的介绍后，便退了出去。这时，亚当森没有谈生意，而是说：“伊斯曼先生，在我们等您的时候，我仔细观察了您的这间办公室。我本人长期从事室内的木工装修，但从没见过装修得这么精致的办公室。”

伊斯曼回答说：“哎呀！您提醒了我差不多忘记了的事情，这间办公室是我亲自设计的，当初刚建好的时候，我喜欢极了。但是后来一忙，一连几个星期我都没有机会仔细欣赏一下这个房间。”

亚当森走到墙边，用手在木板上一擦，说：“我想这是英国橡木，是不是？意大利的橡木质地不是这样的。”

“是的。”伊斯曼高兴地站起来回答说，“那是从英国进口的，是我的一位专门研究室内细木的朋友专程去英国为我订的货。”

伊斯曼心情极好，便带着亚当森仔细地参观起办公室来。他把办公室内所有的装饰一件件向亚当森作介绍，从木质谈到比例，从比例谈到颜色，从手艺谈到价格，然后又详细介绍了他设计的经过。

亚当森一直微笑着聆听，看到伊斯曼谈兴正浓，便又好奇地询问起他的经历。伊斯曼便向他讲述了自己苦难的青少年时代的生活，母子俩如何在贫困中挣扎的情景，自己发明柯达相机的经过，以及自己打算为社会所做的巨额捐赠……

本来秘书警告过亚当森，谈话不要超过5分钟。结果，亚当森和伊斯曼谈了一个小时又一个小时，一直谈到中午。

最后，伊斯曼对亚当森说：“上次我在日本买了几把椅子，放在家中的走廊里，由于日晒，都脱了漆。我昨天到街上买了油漆，打算自己把它们重新漆好，您有兴趣看看我的油漆表演吗？好了，到我家里和我一起吃午饭，再看看我的手艺。”

午饭以后，伊斯曼便动手把椅子一一漆好，并深感自豪。直到亚当森告别时，两人都未谈及生意。但后来，亚当森不但得到了大批的订单，而且和伊斯曼结下终生的友谊。

专家点评

为什么伊斯曼把这笔生意给了亚当森，而没给别人？如果亚当森一进办公室就谈生意，十有八九不会成功。

亚当森成功的诀窍，就在于他善于和对方闲聊，从而拉近了彼此的心理距离。他从伊斯曼办公室装修上的精致与高雅入手，以几句看似与销售无关的闲话，巧妙地切入了伊斯曼的兴趣和成就，使伊斯曼的自尊心得到了极大的满足，并把他视为知己。这笔生意当然非亚当森莫属了。

专家支招

（1）在接近客户之前，详细了解对方的兴趣爱好和个性特点。

（2）销售员若能满足客户在知识、能力、判断力方面的自尊心，是对客户的一种极好的称赞。

丰富谈话内容

小张是一家公司的优秀销售员，最强有力的武器就是他能就各种话题进行内容广泛的谈话。

一天，小张对经理说："经理，××先生说，马上就要签订合同，请您去做下决定。"

"呀，我这次就可以去看一下你的真本领了啊！"经理开玩笑地说。

在客户家中，经理惊讶地发现小张竟能与客户以飞碟射击为话题，热火朝天地聊起来。小张作为经理的部下已一年多，在这期间，一次也没听他说过关于飞碟射击的事情。事后，经理问他："我怎么不知道你对飞碟射击如此感兴趣？”

“嗨，我不是很感兴趣啊，只是上次，我到他家时，看到枪架上挂着的枪和刻上他名字的射击纪念杯，然后我回来马上去准备的呀。”

原来是这样。其实，公司有很多销售成绩不良的同事在背后讲小张的坏话，说：“他是耳朵上的学问，现学现卖，都是杂志上的肤浅知识……”但不管怎么样，小张能取得超常的成绩，把同事甩得远远的。由此可见，销售员能够自如地就各种话题进行交谈是一大魅力。

专家点评

如果销售员巧妙地从客户感兴趣的话题开始，边赞美客户边展开话题，让客户的全部注意力都投入到和你的谈论中，那么你的销售话题自然也就被对方倾听了。

要使自己有能力顺着客户的爱好谈下去，就要拥有比较广博的知识。有时候，内容丰富的谈话可以掩盖深度上的不足，更重要的是可以达到活络和融洽双方谈话气氛的效果，是拉近双方距离的良方妙策。

专家支招

（1）留心观察客户的兴趣所在。

（2）有意识、有目的地去了解客户感兴趣的事物，激发客户和你谈论的兴趣。

引导对方多说话

有家小物流公司，居然成功地接下一笔又一笔来自某大型企业的订单。这是一个很不起眼的小公司，它是如何在数十个竞争者中脱颖而出的呢？

原来，在去那家大企业接洽之前，这家小物流公司的负责人专门去查阅了资料，了解了这家企业创办人的生平。

从资料中他发现这个大老板早年因盗采国有林木而蹲过牢狱，出狱后，从一个路边的水果零售点做起，后来又涉足建筑业，直到成为现在的大企业主。

这位小公司的负责人在和这位大老板面谈时说："我很想为您这样组织健全的大企业服务。听说您当年只身南下闯荡，从一个小小的水果摊起家，做到今日领导万人的大老板，这是真的吗？"

这个大老板从来不愿提及那段不堪回首的牢狱生涯，而这个负责人很巧妙地避开那段历史，直接把大老板出狱后的创业和他南下闯天下联系起来，这样就能使大老板名正言顺地谈起他的成功史，直到谈话时间大大超过了规定的面谈时间，大老板还意犹未尽。

这位小公司的负责人几乎没有谈到任何与合作有关的话题，甚至没有提到自己那微薄的家底。在听完大老板志得意满的一段话后，没多久，这位负责人就顺利地签下了一张大单。

如果这位负责人在面谈中一直滔滔不绝地介绍自己，说自己如何如何，把自己夸耀一番，肯定会出现另一种结局。

专家点评

大家在生活中会发现，只要有一个谈话的机会，大多数人都不太爱听别人谈话，而是喜欢别人听自己说话。还有一种常见的现象是，大多数人喜欢谈和自己有关的事，而不是和对方有关的事情。

销售员应该把说话的机会留给客户，如果客户不能自然而然地打开话匣子，就需要你的舌头润滑点，找准谈话的主题，然后选用适当的关键词充当钥匙，打开和对方的交谈之门。

专家支招

（1）在销售过程中，销售员不但要花时间研究怎样回答客户的提问，更要花时间去研究怎样让客户多讲话。

（2）提出客户感兴趣的话题，让他畅所欲言。

主动把握话题

王小姐是一家人寿保险公司的业务经理。有一次，她谈到她的亲身经验。大约在四年前，她向一位大学教授和夫人介绍小孩的教育保险，刚开始推销时，女主人毫不动心。

第二次去时，只有女主人在家，王小姐又跟她说起教育保险，但她仍然没什么兴趣。

这时，王小姐放眼在屋子里寻找，一眼看到了立柜上的照片，就挺有兴趣地走了过去，一问，原来是女主人的父亲，是位医生。

王小姐赶紧说："医生这一行可真了不起，救死扶伤。"

"是啊。我一直是很崇拜的……"

说到这里，王小姐知道该如何说服这位夫人了。她先聊教育保险，当谈话无法进行时就不无遗憾地对她说："太太，我原以为您是位真正为子女着想的家长，看来是我错了，真遗憾！"

好强的教授夫人迅速做出反应："天下哪有父母不希望子女成材的，哎，我那个儿子一点也不像他父亲啊！"

王小姐甚表惊讶地说："父母是父母，孩子是孩子，父母不能只凭自己的感觉就为孩子定位。"然后又诚恳地说："您先生是个中文教授，您和您先生是想让孩子学文科吧！"

"是啊，但是孩子对文学没兴趣，倒是喜欢待在外公的诊所里，对理工科比较感兴趣，学得也不错。"

"这样的话，你们应该让孩子自己选择专业。"王小姐由衷地说。教授夫人也接受了王小姐的观点。

之后王小姐不断提供意见给教授夫人：如果读理科，考上医学系，加上每学期的生活费、住宿费等，是一笔庞大的开销，如果他毕业后自己创业又需要资金……

其实教授夫人一直盼望儿子能青出于蓝而胜于蓝，希望孩子能上医学院，以证明他的能力不输给外公。王小姐看出了这点，一下子按动了她的心动钮，不断扩大一个母亲的梦想。于是，她当场买下王小姐推荐的"5 年期教育保险"。

专家点评

闲谈并不是漫无目的地谈。从墙上挂的照片，桌子上摆的书籍，柜子里的物件，我们都能看出客户的爱好和情趣，也就可以从中找话题。要打动人就要关心对方，找对方最感兴趣、利益所在的话题。

王小姐就是针对母亲望子成龙的心理，不断推进，诱导出她的期望并

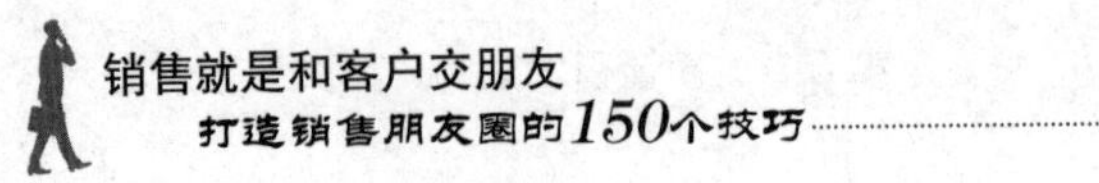

且鼓励她。

专家支招

（1）和客户打招呼后，先谈谈客户感兴趣的，缓和气氛，再进入主题。

（2）善于观察，了解客户的兴趣，找到客户的心结。

从闲谈中捕捉信息

一次，推销猪饲料的销售员小李在乘车途中，与邻座的一位老先生闲聊起来。他们从市场上的物价聊到眼下人们的吃喝住行、天气变化，甚是投机。下车了，他俩正好顺路，免不得还要聊上几句。说着说着，老先生忽然问他："小伙子，你是干啥的，去哪里呀？"

小李回答说："是搞饲料推销的。"

老先生问了很多饲料方面的事情，小李想到他可能是内行人，就问："老先生，看您这样懂行，一定是做饲料生意的吧？"

"小伙子，你算猜着了，一点不错！"

交谈中得知，老先生姓陈，他儿子是当地经济实力最强的饲料经销商。老先生平时也帮儿子做些业务。无意间，他向小李透露出一个重要信息：他儿子与青岛正大的饲料专营合同还有一个月就到期，正要寻找一个新伙伴。小李心里一阵惊喜，心想他合同到期了，我何不利用老先生的关系，争取见一见他儿子，把业务拿下来呢！

过了两天，小李按照老先生名片上的地址去了他家，还带上了礼品。但老先生也道出了实情：同青岛正大的合同马上到期，找他儿子卖饲料的已有五六家，都是老总亲自来的。老先生想了想说："这样吧，你下次来找我儿子，来时打个电话，我给你安排见面机会。”

又过了两天，终于约好同其子面谈，小李兴冲冲地赶过去后，老先生却说：他儿子办了个养殖场，因为养殖场里的规划问题一时脱不开身，无法与他面谈。小李急了，心想：这个客户太重要了，他的困难肯定得帮，只有这样才能把事情搞定。可一想，又不认识搞养殖方面的人，这可咋办呢？忽然灵机一动，想到现在城里搞养殖的专家不少，何不请来一个“借花献佛”呢？想到此，马上对老先生说：“我们公司有位师傅在养殖方面是内行，您看能不能让他来帮您儿子一下？”

老先生大喜过望：“你赶快回去叫他来吧，我跟儿子说一声。这样吧，明天你一定来！”

于是，小李火速同公司老总通了电话，老总安排专家第二天与他会合。

养殖专家给予了详细的指导，陈家父子非常满意。那一天，陈老板特意宴请了他们。在酒桌上，小李没提饲料之事。临别，小李对老先生的儿子说：“有用得着我的地方尽管打电话，我帮不了你的，我给你找人。”

老先生的儿子说：“兄弟，我发现你不错，这样吧，过几天你再来，咱俩详细定定。”

过了几天，这家经销商一下就向小李订了15吨饲料。一般经销商一次提5吨还得考虑一段时间。就这样，小李做成了公司里最大的一笔饲料买卖。

专家点评

即使销售员的人品再好，产品再优质，如果他没有一定的客户信息，则要一家一家努力寻找，还不一定能做成。

人们在闲谈中能获得友谊，因为双方在不经意的闲谈中能在思想上和心理上产生一种共鸣，达成一种共识，从而建立良好的关系。

在友谊的基础上，对方可能就会主动提供信息给销售员，给销售员的销售工作创造机会，这样销售员以后的工作就容易做成。在闲谈中得来的机会全不费工夫，为何不去尝试呢？

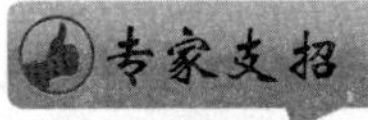

专家支招

销售员在合适的场合，不管是碰到熟人还是生人，都可以找机会主动说上几句，说不定偶然间就得到了宝贵的信息。

迎合客户的口味

一位推销电器的年轻人，来到一所看起来井井有条的农舍前叫门。听到敲门声后，对方只将门打开一条小缝，开门的是位中年妇女，当她知道来人的推销员身份后，猛然把门关紧了。推销员再次敲门，得到的回应是一连串的破口大骂。

虽然事情比想象中艰难得多，但销售员不想放弃。他决定换个法子碰碰运气。他改变口气说："太太，我看您是误会了，我来拜访您并不是来推销东西的，我只是想向您买一些鸡蛋。"

听到这儿，这位妇女的态度稍微温和了一些，门又打开了一条缝。销售员接着说："您家的鸡长得真好，它们的羽毛长得真漂亮。这些鸡大概是多明尼克种吧？您这儿还有贮存的鸡蛋吗？"

这时，门打开了，这位妇女问销售员："你怎么知道这是多明尼克种鸡？"

推销员知道自己的话已经打动了妇女，他接着说："我家也养了一些鸡，可是像您家养得这么好的鸡，我还没有见过呢？我家饲养的来亨鸡，只会生白蛋。太太，您应该知道，做蛋糕用黄色的鸡蛋比白色的鸡蛋要好一些。我太太今天要做蛋糕，所以我跑到您这儿来了……"妇女一听这话，心里暗暗高兴，她把销售员带到院子里，自己去拿鸡蛋。

销售员利用这短暂的时间，迅速看了一眼周围的环境，他发现院子里有制造奶酪的设备，等妇女过来的时候，他对她说："太太，我敢肯定，您养鸡赚的钱一定比您先生养奶牛赚的钱要多。"

这句话说得妇女眉开眼笑，心花怒放，因为她丈夫一直不承认这件事，而她总想把自己的成就感与别人分享。

于是她对销售员的戒备心解除了，把他当作知己，带他参观鸡舍。参观时，推销员不时发出赞叹声。两人畅所欲言，互相交流养鸡方面的常识和经验，越来越像认识已久的朋友。当妇女谈到孵化小鸡的麻烦和保存鸡蛋的困难时，推销员不失时机地向妇女成功推销了一台孵化器和一台大冰柜。

专家点评

俗话说："酒逢知己千杯少，话不投机半句多。"如果我们在销售活动中投客户感情之所好，与他们友好交往，这样能把作为买与卖矛盾双方的心理距离缩小而转化为朋友关系，销售活动就会顺利得多。

专家支招

（1）销售员要留心挖掘客户感兴趣的话题。

（2）要和客户谈得投机，谈得融洽，销售员就要和客户闲聊他们喜欢的事情。

分享客户的童年趣事

小雷是位家具销售员，他总是擅于搜集顾客的趣事。一天，经人介绍，他认识了一位IT公司的老总，这位老总最近搬家，需要一批新家具，已有好几个家具销售员向他推销过。

小雷知道要拿下这笔交易，必须有不一样的东西。他向介绍他认识这位老总的朋友打听他小时候的事。原来这位老总小时候家境贫寒，家里没有足够的大米吃，全家每天就吃一些蒸红薯，日子过得凄凄惨惨。这位老总全家五个兄弟姊妹，上面有4位姐姐。农村有重男轻女思想，所以老总的爸爸妈妈特别疼爱他，就因为他是家里唯一的男孩。尽管家境贫寒，他们还总是想办法单独蒸米饭给他吃。

于是在拜访这位老总时小雷就说起了这件事。这位老总听后觉得很有意思，乐意和小雷继续聊下去，还谈了很多他小时候的其他趣事，比如下水游泳，偷吃人家黄瓜，在山里烤红薯等，两人相谈甚欢。

最后的结果是小雷顺利签下了一张大单。

专家点评

通常，在与人交往中透露一些个人丑事和小弱点——像小时候尿床、磨牙、吮大拇指，或现在的一些小问题，比如晕车、怕高等都可以拉近你和别人的距离。越是功成名就的人越是喜欢和别人说起他小时候的趣事。在闲聊中，让客户乐意和你谈他过去的趣事和小秘密是让他敞开心扉的有效方式。

专家支招

销售员所说的客户的趣事一定要是些无伤大雅的事，不伤及对方的自尊，也不影响对方的事业和声誉。

站在客户的立场上说话

一位年轻的售货员，陪着一位中年妇女挑选洗衣机，几乎把店内所有牌子、不同型号的洗衣机都看过了，可是这位顾客还是不买。

这时，售货员不急不躁地同这位中年妇女拉起家常，从中了解到她家有一个瘫痪的婆婆，经常尿床，买洗衣机主要是为了洗被褥。既然如此，为什么这位顾客举棋不定呢？原来，她有个想法：多少年来我靠手工搓洗也熬过来了，好不容易才积攒了这点钱，一下子花掉，值得吗？对此，售货员一面表示同情，一面在心里琢磨：看来，就洗衣机谈洗衣机已不能促成这笔交易了。

售货员问："大姐，你的小孩上学了吗？"

顾客答："过两个月就上学了。"

售货员说："那将来你更忙了。又要管家务，又要辅导孩子学习，孩子初学阶段要打好基础啊！大姐，我看这洗衣机值得买，既可以使您从繁重的家务中解放出来，又可以赢得更多时间来指点孩子的学习。"

这番话，朴实无华，充满了动人之情，终于拨动了慈母的心弦。那中年妇女高高兴兴地把洗衣机买走了。

专家点评

这个售货员很会说话，她会说话表现在哪里呢？表现在她能站在对方的利益上说话，使对方感受到她的理解和体谅，所以中年妇女才由犹豫到决心购买洗衣机。

要客户做出购买决定是挺不容易的，有时候，即使客户已对某种产品产生了购买欲望，但将要付款的时候，突然想到了什么，又变卦了。这时候，有些销售员就不耐烦了，甚至挖苦客户。不用说，这桩即将成交的买卖肯定就吹了！

专家支招

（1）销售员在说话时站在对方的立场上，这样比较容易被客户接受。

（2）销售员为客户服务时要热情，并能以极大的耐心，摸透客户的心理，循循善诱，促使客户把购买欲转化为现实的购买行为。

用赞美化解客户的借口

一位业绩非凡的化妆品推销高手谈到他的经验时说："我的前辈常教导我，要了解化妆品的本质。化妆品不是生活必需品，不是大众化的便宜货，甚至可以归为奢侈品。所以，在推销时要下狠功夫，利用赞美的语言，拉家常的方式，让顾客生起爱美之心，燃起对美的羡慕之情。"

有一次，这位推销高手向一位外向型的太太推销化妆品，她开始拒绝了。推销高手突然发现她家门厅里有一只精美的女用高尔夫球袋，立刻计上心头，话锋一转："这球袋是您的？"

“是啊！”

“呵！好漂亮。在哪选购的？”

“这是我去年到欧洲旅游时在巴黎买的。”

“原来不是国内产品，我还没见过这么漂亮的球袋呢！”

“可不是，为此我花了不少钱。”

高尔夫球是富裕阶层的娱乐活动，推销高手听着她眉飞色舞地谈论，找到一个适当时机便说：“是的，这种化妆品不是便宜货，的确贵了点，一般工薪阶层用不起，使用的女士都是高收入者。”

一句话正中下怀，使她心里高兴，嘴上说不出没钱的借口。她的借口流失了，但购买的理由保留了下来，成交的现实可想而知。

专家点评

在销售过程中，如果客户说：“不怕你见笑，我们眼下还没有钱买。说心里话我们很想买，不过得等有钱了再付款，你看行不行？”大多数销售人员听了这种借口，便被眼前的困境所迷惑，一下子泄了气，认为对方没钱，自己是白费口舌，那就大错特错了。因为，客户口中的“没钱”是极富弹性的，很可能是一种借口。如果被这种借口所迷惑就难以创出销售业绩。

销售就是要和“拒绝”作战，上上之策就是要在客户提出“没钱”的借口之前，就预先化解，让他说不出“没钱”二字。

专家支招

（1）销售员要不怕拒绝，开动脑筋，注意观察，善于打破冷场，能与销售的对象进行和谐投机的谈话。

（2）预防拒绝就是避免与客户硬碰硬，对客户的拒绝之词有所防备，先下手为强。

第六章

熟谙人性，登上成功销售的快车道

纵观古今中外，凡是能驾轻就熟地处理好人际关系，懂得说服别人的人，无不熟谙人性，无不透彻了解“人”。就像打鱼人要通水性、懂“鱼性”，养鸟人懂“鸟性”一样，推销员或其他从事人际关系工作的人必须熟谙“人性”。

推销员必须有鉴人能力。鉴人能力来源于对人的彻底了解，对人性的彻底了解。当我们对人性的了解一天比一天透彻，推销的业绩也一定会一天比一天提高。

洞察人性，开启销售之门

美国纽约城里有个著名而富裕的律师，为人非常固执，拒绝了许多销售员。

有一天，一个不起眼的销售员走进了这个律师事务所，半个小时后，就取得了这个律师高达百万美元的人寿保险申购单。他用什么方法说动了这个顽固的律师呢？

这位销售员随身带了一篇事先草拟好的新闻特写。特写标以醒目的标题《杰出律师为其头脑投保百万美元》。这篇特写描述了这位律师如何白手起家，如何出任一家公司的特约律师，如何展现非凡的才华，如何拥有纽约市内最好的一群顾客。特写写得既详细又动人，还有律师与家人的照片和一张律师本人在纽约长岛住宅外面的照片。

他把这份特写交给律师，说："我已经安排好了，一旦你证明能通过必要的体检，有100家以上的报纸，会同时刊登这篇特写。我几乎不用向像你这样聪明的人解释什么，因为这篇特写会给你带来足够的新顾客，其好处足以抵偿你的保险费而且绰绰有余。"律师仔细阅读了这篇特写后，问销售员如何取得了这么多有关他的资料，又如何取得了他家人的照片。

销售员说："很容易的，我只不过请了一家新闻机构，替我做了这件事情而已。"

律师又把特写看了一遍，稍稍作了一些改正，交给销售员说："给我一份空白的保险申购单。"

这一销售过程仅用了几分钟就完成了。简单吗？容易吗？似乎又不那么简单，也不那么容易。销售员为了这次访问，足足准备了三个月，关注了与这位律师工作、生活有关的几乎一切细节。他真正卖给律师的，并不是律师的人寿保险，而是律师虚荣心的满足与潜在的巨大好处。

保险销售员看透了律师既爱钱更爱名的心理，所以精心设计了这么一场戏。律师明白，他的一百万美元不会白白投入，文章发表后，慕名而来的顾客足以补偿这笔费用。更重要的，也就是足以令律师动心的是“名”，名扬纽约、名扬美国，成为一个家喻户晓的名律师，从此身价百倍。

专家点评

世界上的人千差万别，性格、爱好、观点、行为不一致的人在同一范围内生活相处，是很自然的。熟谙人性并能运用此类知识处理人际关系的人都会左右逢源，诸事顺遂。

销售员每天接触的差不多都是新面孔，每天进行的又大都是说服刚认识的人。要想销售成功，销售员就要能一眼看出对方最迫切的需求，然后再针对销售对象的特殊情况决定自己的说服策略、战术方针，对症下药，做到一把钥匙开一把锁。

专家支招

（1）推销员必须有鉴人知识，必须熟谙人性。

（2）彻底了解自己，通过自己来了解他人，推测他人所想、所做来提高自己的鉴人本领。

（3）在生活中多观察、多思考、多总结，对提高自己的鉴人能力也是很有帮助的。

慎重对待客户的名片

有一家公司要添置300万元的办公家具，公司总经理决定向一家颇具规模的家具店购买。

一天，家具店的销售负责人打来电话，要来拜访这位总经理。总经理心想，当对方来时就可以在订单上盖章了。

不料对方提前来访，原来是因为对方打听到该公司职工宿舍楼即将落成，希望职工宿舍需要的设备也能向他们店购买，所以带着一大堆资料，摆满了桌子。当时总经理正好有事，便让秘书请对方等一下。对方等了一会儿，不耐烦了，就收起资料说："那么我改天再来打扰吧！"

突然，总经理发现对方在收拾资料准备离去时，不小心把总经理的名片掉在地上，并在走时又不小心踩了一脚。弄丢了对方的名片已经是对他人的不尊重，更何况还踩上一脚，顿时让这位总经理产生反感。就因为这一看似小小的失误，使他永远失去了与这家公司做生意的机会，使得煮熟的鸭子飞了。

这个失误看似微不足道，其实，它是不可原谅的，因为名片是自我的延伸。

专家点评

我们每个人都不希望被别人小视，都希望别人认为我们重要。把他人的名片弄丢了已是对他人的不尊重，况且在名片上再踩上一脚，这简直就是对他人的最大蔑视！如果你的名片遭此对待，你也断然不会同对方做生意的。

像名片这种具有自我延伸属性的事物还有很多，你的一切用具都可以说是你的自我延伸。你的衣服、你的书本、你的相片等，都在某种意义上代表你，同样，如果你对别人的这些东西不敬就等于是对他不敬。

专家支招

（1）收客户的名片时要慎重和真诚。

（2）重视客户的自我延伸，维护它们就是维护客户的尊严。

从观念上投其所好

柯尔恩先生是丹麦木材商之一，他一直想与史密斯先生合作。史密斯先生是一家木材加工厂的老板，相当能干，而他的妻子则更胜一筹，无论是对外公关联络，还是内部出谋献策，都有自己的一套方法。妻子的名气比史密斯先生要大，这无形中就给史密斯造成一种压力，因而他时常会感觉自卑，偶尔还会恼怒。

柯尔恩先生了解到这一情况后，便有意安排了这样一幕戏：

有一天，他赶在史密斯先生之前，在史密斯每天必去的酒馆坐下。等到史密斯在旁边桌的座位坐下后，柯尔恩的搭档就对柯尔恩说："史密斯先生虽然能干，但明摆着，主要还是他太太掌舵！"

柯尔恩说："胡说！像他那么大的工厂，事情那么多，怎么能事俱躬亲呢？我想一定是史密斯先生很注重女权，所以把一些次要的事让太太去处理，大事情一定还是需要他决定的。这一定是史密斯先生既运筹帷幄又善于用人的不同凡响之处，如果能与这样的人合作，我最放心了……"

坐在旁边的史密斯先生认为自己是无意之中听到了陌生人对他的评价，立即对这位陌生的“辩护者”产生了极大的好感。于是就过去邀请柯尔恩先生与自己一起就座，两人越谈越投机，大有相见恨晚之感。最后毫无疑问，柯尔恩如愿以偿地得到了他期望的合同。

专家点评

人们的观念常常影响和支配人们的心理需求和消费方式。柯尔恩先生成功的原因在于他看准了史密斯先生的一种观念：作为男子汉的丈夫应当比太太有能力。虽然他这种不平衡的心态尚未导致夫妻间的失衡，但作为男人，他还是希望自己的能力得到认可。柯尔恩从观念上投其所好，自然得到了史密斯的欣赏、感激与回报。

专家支招

当客户表现出某种观念时，销售人员如果能适当投合这种观念，表示出自己的理解、欣赏和赞扬，会大大强化客户的观念与选择，同时会增强客户对销售员的认同感和默契感。

抓住客户的从众心理

小关是一位汽车推销员，他有自己的一套销售方法，就是在公司的销售记录中，搜寻一些有影响力的顾客，把这些人和他们买的车型一一记下来，并且每天都把这份名单随身携带着。

一天，一个多月前来过的那位贸易公司的刘总又来了。小关高兴极了，心想刘总的车一定还没买，否则，他就不会来了。他清楚记得刘总中意的是一款尼桑车，之所以没买，是因为嫌价格太高。今天，小关的把握大多了，一是刘总是回头客，八成是舍不得自己看中的车；二是有一家著名进出口公司的林总裁买的也是尼桑车。

刘总说：“我上回看中的那辆尼桑，还停在那里，没有谁付下订金吧？”刘总边环顾四周边说。

“哦，那个车，顾客来了都要看上几眼，好车嘛，但一般人哪买得起，这不，它正等着刘总您呢。”小关微笑着说道。

小关忙取来钥匙，打开车门，说：“刘总，这样好的车，您何不亲自驾驶感受一下名车带给您的稳重和飘逸感。”

试了车，刘总对车更加满意，只是仍然觉得价格太高。

刘总说：“我确实中意这辆车，你看价格上能否再优惠些，或者我是否有必要换一辆价位低一点儿的？”

小关知道，换车，只是刘总讨价还价的潜台词。

小关马上接口道：“价格是高了一点儿，但物有所值，它确实不同一般，刘总您可是做大生意的人，配得上！开上它，多做成两笔生意，不就成了嘛。”

小关接着说：“哦，对了，刘总，××贸易公司的林总裁您认识吗？半年前他也在这儿买了一辆跟您一模一样的车，真是英雄所见略同呀。”

“哦，林总，我们谁人不知啊，只是我这样的小辈还无缘和他打上交道。他买的真是这种车？”刘总的眼睛一亮。

“是真的。林总挑的是黑色，刘总您看要哪种颜色？”

“就这个红色吧，看上去很有活力。”刘总拍了拍车，就这样决定了。

专家点评

从众指个人受到外界人群行为的影响，而在自己的知觉、判断、认识上表现出符合公众舆论或多数人的行为方式，是社会认可作用的一种表现。而应用到销售中，它又是销售员影响潜在客户购买的一个诀窍，利用人们对榜样和名人的从众心理，往往可以起到事半功倍的作用。

专家支招

（1）销售员必须掌握客户购买动机五大要素：实际购买水平，实际使用价值，安全保障需要，个人自尊和虚荣，跟风购买。

（2）找准客户的购买动机后就要运用人的各种心理，比如名人效应，从众心理，着手说服客户购买。

认真聆听客户的每一句话

有一次，乔·吉拉德花了近半个小时让一位客户下决心买车，然后，吉拉德所要做的只不过是让他走进自己的办公室，签下一纸合约。

当他们向乔·吉拉德的办公室走去时，那人开始向吉拉德提起他的儿子，因为他儿子就要考进一所医科大学了。他十分自豪地说："乔，我儿子要当医生。"

"那太棒了。"吉拉德说。当他们继续往前走时，乔·吉拉德却看着公司其他正聚在一起嬉笑的销售员。

"乔，我的孩子很聪明吧，"他继续说，"在他还是婴儿时我就发现他相当聪明。"

"成绩非常不错吧？"吉拉德说，仍然望着别处。

"在他们班是最棒的。"那人又说。

"那他高中毕业后打算做什么？"吉拉德问道。

"我告诉过你的，乔，他要到大学学医。"

"那太好了。"吉拉德说。

突然，那人看着他，意识到乔·吉拉德太忽视他所讲的话了。“嗯，乔，”他突然说了一句“我该走了”，就这样他走了。

下班后，吉拉德回到家想想一整天的工作，分析他所做成的交易和他失去的交易，开始考虑白天客户离去的原因。

第二天上午，乔·吉拉德给那人的办公室打电话说：“我是乔·吉拉德，我希望您能来一趟，我想我有一辆好车可以卖给您。”

“哦，世界上最伟大的推销员先生，”他说，“我想让你知道的是我已经从别人那里买了车。”

“是吗？”吉拉德说。

“是的，我从那个欣赏、赞赏我的人那里买的。当我提起我对儿子吉米有多骄傲时，他是那么认真地听。”

随后他沉默了一会儿，又说：“乔，你并没有听我说话，对你来说我儿子吉米成不成为医生并不重要。好，现在让我告诉你，当别人跟你讲他的喜恶时，你得听着，而且必须全神贯注地听。”

顿时，乔·吉拉德明白了他当时所做的事情，也意识到自己犯了多么大的错误。

“先生，如果那就是您没从我这儿买车的原因，”吉拉德说，“那确实是个不错的理由。如果换我，我也不会从那些不认真听我说话的人那儿买东西。那么，十分对不起。然而，现在我希望您能知道我是怎样想的。”

“你怎么想？”他说道。

“我认为您很伟大。我觉得您送儿子上大学是十分明智的。我敢打赌您儿子一定会成为世上最出色的医生。我很抱歉没认真听您说话，但是您能给我一个赎罪的机会吗？”

“什么机会，乔？”

“有一天，如果您能再来，我一定会向您证明我是一个忠实的听众，我会很乐意那么做。当然，经过昨天的事，您不再来也是无可厚非的。”

3年后，他又来了，吉拉德卖给他一辆车。他不仅买了一辆车，而且也介绍了他许多的同事来买车。后来，乔·吉拉德还卖了一辆车给他的儿子，

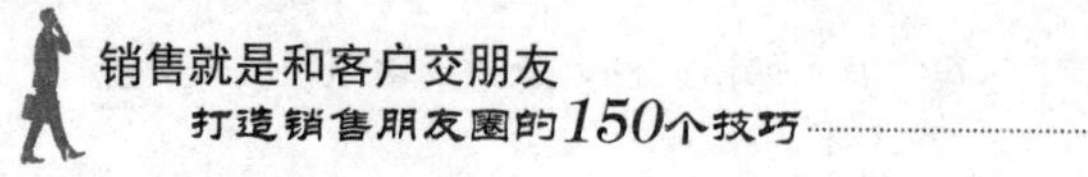

吉米医生。

是他给了乔·吉拉德一个极好的教训，从此以后，吉拉德从未在顾客讲话时分心。毕竟，上帝赐给我们两个耳朵、一个嘴巴，就是为了让我们多听少说。

从那以后，每个进入店内的顾客，乔·吉拉德都要问问他们，问他们是做什么的，家里人怎么样等等。然后吉拉德再认真聆听他们讲的每一句话。大家都喜欢这样，因为那给他们带来一种受重视的感觉，而且让他们感觉你是十分关心他们的。

专家点评

每个人都希望受到别人的重视，获得别人的尊重。当正在说话的顾客提到一些问题和见解时，如果你只是毫无表情地保持缄默，或者答非所问，对方就会十分难堪和不快，觉得是在“对牛弹琴”。

当我们专心致志听对方讲，并不失时机地做出反应，对方一定会有种被重视和尊重的感觉，双方之间的距离必然会拉近。其实，越是善于耐心倾听他人意见的人，销售成功的可能性就越大，因为聆听是褒奖对方谈话的一种方式。

专家支招

（1）对于客户的谈话，你需要积极、及时地回应。

（2）当客户谈性正浓时，出于对客户的尊重，销售员应该耐心倾听，不能表现出厌烦的神色。

每个人都渴望赞美

崔西曾做过图书销售员，他说："我能让任何人买我的图书。"他推销图书的秘诀只有一条：赞美顾客。

某次，崔西出去推销书籍，遇到了一位非常有气质的女士。那时候，崔西还是刚刚开始运用赞美这个法宝。当那位女士听到崔西是推销员时，脸一下子阴了下来："我知道你们这些推销员很会奉承人，专挑好听的说，不过，我不会听你的鬼话。你还是节省点时间吧。"

崔西微笑着说："是的，您说得很对，推销员是专挑那些好听的词来讲，说得别人昏头昏脑的，像您这样的顾客我还是很少遇到，特别有自己的主见，从来不会受到别人的支配。"

这时，细心的崔西发现，女士的脸已由阴转晴了。她问了崔西很多问题，崔西都一一做了回答。最后，崔西开始高声赞美道："您的形象给了您很高贵的个性，您的语言反映了您有敏锐的头脑，而您的冷静又衬出了您的气质。"

女士听后开心得笑出声来，很爽快地买了他一套书籍。而且，后来，她又在崔西那里购买了上百套书籍。

随着推销图书经验的日渐丰富，崔西总结了一条人性定律：没有人不爱被赞美，只有不会赞美别人的人。

一天，崔西到某家公司推销图书，办公室里的员工选了很多书，正要准备付钱，忽然进来一个人，大声道："这些跟垃圾似的书到处都有，要它干什么？"

崔西正准备向他露一个笑脸，他接着一句话冲了过来："你别给我推销，我肯定不会要，我保证不会要。"

"您说得很对，您怎么会要这些书呢？明眼人一下子都能看得出来，您是读了很多书的，很有文化素养，很有气质，要是您有弟弟或者妹妹，他们一定会以您为荣为傲，一定会很尊重您的。"崔西微笑着，不紧不慢地说。

"你怎么知道我有弟弟妹妹？"那位先生有点兴趣了。

崔西回答："当我看到您，您给我的感觉就有一种大哥的风范，我想，谁要是有您这样的哥哥，谁就是上帝最眷顾的人！"

接下来，那人以大哥教导小弟的语气说话，崔西像对大哥那样尊敬地赞美着，两人聊了十多分钟。最后，那位先生以支持崔西这位兄弟工作为由，为他自己的亲弟弟选购了五套书。

崔西在当天的日记中写道："其实，我心里很明白，只要能够跟我的顾客聊上三分钟，他不买我的图书，那是不可能的。因为，无论做人还是做事，要改变一个人，最有效的方式是传递信心，转移情绪。"

同时，他又写下了一条人性定律："人是感性左右理性的动物。若一个人的感性被真正调动了，那么，他想拒绝你，比接受你还要难。而要想迅速控制一个人的感性，最有效和快捷的方法就是恰如其分的赞美。"

专家点评

喜欢听好话、受赞美是人的天性之一。每个人都会因为得当的赞美，而获得自尊和荣誉上的满足。当我们听到别人对自己的赞赏，并感到愉悦和鼓舞时，不免会对说话者产生亲切感，从而使彼此之间的心理距离缩短。人与人之间的融洽关系就是从这里开始的。

在销售过程中，适当地赞美顾客，满足顾客的自尊心和虚荣心，能使之产生一种优越感，从而分散其注意力，解除顾客的戒备心理，以达到销售的最佳效果。

专家支招

（1）赞美一定要说顾客喜欢听的、引以为豪的事情，若胡乱赞美则不会激起顾客的心动。

（2）赞美不能太过头，否则会使人心生厌烦。

（3）赞美的同时最好能将自己的一些看法提出，这能充分表明销售员的认真态度。

赞美要有新意

尤小姐是某服装公司的广告部负责人。有一次，经过几次的电话预约，一家大型企业的张总终于答应同她见面。这位老总是一位商业奇才，尤小姐很珍惜这次机会，因为她的目的是让这位商业奇才成为她公司服装品牌代言人。在一般情况下，商界人士是不屑为其他人做广告的。为了在短暂有限的时间内能够说服这位老总，尤小姐制订了详细的计划。她的计划是：想办法先赢得他的好感，然后努力延长对话时间，这样才有可能成功。

见到了久负盛名的张先生后，尤小姐打过招呼，微笑着说："我仔细阅读了张总的成功经历，您可真是位商业奇才啊！"

张先生显得波澜不惊，说："啊，真是奇怪，现在每个人见到我都这样说。其实，我并不那样认为，这也是我给每个人的回答。"

"不，不。您太谦虚了，中国像您这样的人物真的是太少了……"尤小姐唯恐张先生不高兴，赶紧又说。

"尤小姐，如果你是来跟我说这些话的话，那么你可以走了。因为这些话对我没有任何意义，如果我想听这些话，随便拉个人可能都比你说得好。

如果你没有其他事情，请不要浪费大家的宝贵时间。请原谅我的直白，因为时间对我来说实在是太宝贵了。很抱歉。"

尤小姐听了，动了动嘴唇，却什么话都说不出来。

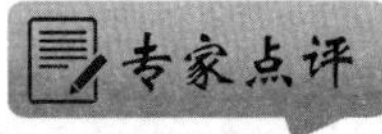
专家点评

遇到这样的情况，是尤小姐始料不及的。她没有想到自己的好心赞美却得来这样的结果，真正的来意还没有说出，就被下了逐客令。问题出在哪儿了呢？问题就在于尤小姐的赞美太过于普通，甚至让人觉得听这样的赞美就等于在浪费时间。

陈词滥调或者不着边际的赞叹只会惹人生厌，赞美的直接目的是让对方高兴，如果你不想做一个毫无特色的销售人员的话，赞美的话也得有新意才行。

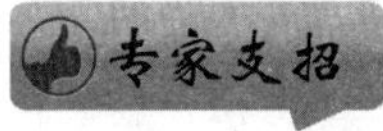
专家支招

真诚且有新意的赞美更容易被客户接受。

用请教法接近客户

格林先生是一家杂货店的老板，他非常顽固保守，非常讨厌别人向他推销。这次，香皂销售员彼得来到店铺前，还未开口，他就大声喝道："你来干什么？"但这位推销员并未被吓倒，而是满脸笑容地说："先生，您猜我今天是来干什么的？"

杂货店老板毫不客气地回敬他："你不说我也知道，还不是向我推销你们那些破玩意儿的！”

彼得听后不仅没有生气，反而哈哈大笑起来，他微笑着说道：“您老人家聪明一世，糊涂一时，我今天可不是向您推销的，而是求您老向我推销的啊。”

杂货店老板愣住了：“你要我向你推销什么？”

彼得颇为认真地回答：“我听说您是这一地区最会做生意的，香皂的销量最大，我今天是来讨教一下您老的销售方法。”

杂货店老板活了一辈子，其中大半生的时间都是在这间小杂货店中度过的，还从来没有人登门向他求教过，今天看到眼前这位年轻的推销员对他如此崇敬有加，心中不免得意万分。

于是，杂货店老板便兴致勃勃地向彼得大谈其生意经，谈他的杂货店，从他小时候跟随父亲做生意，谈到后来自己接过这间小店，最后一直说到现在：“人都已经老了，但我仍然每天守着这个杂货店，舍不得离开它。在这里我每天都可以见到那些老朋友、老顾客，为他们提供服务，同他们一起聊天，我过得非常愉快。”

老人家与彼得聊了整整一个下午，而且聊得非常开心，直到彼得起身告辞。刚到门口，老头子突然想起了什么，大声说：“喂，请等一等，听说你们公司的香皂很受欢迎，给我订 30 箱。”

专家点评

无论你的产品多好，你的服务多棒，如果不能跟客户接上头，交易就无从谈起。

请教接近法是指销售人员虚心向客户讨教问题，利用这个机会，达到接近客户目的的一种方法。请教法体现了敬重客户、满足客户自尊心的销售思想，在实际应用中的效果较好，尤其是对那些个性较强，有一定学识、身份和地位的专家型客户，这种方法更为奏效。

专家支招

（1）许多老年人都有“好为人师”的心理，销售员针对这种心理接近他们，就不会吃“闭门羹”。

（2）请教可以是销售或经营方面的问题，也可以是个人修养、个人情趣等方面的问题。但不论请教什么方面的内容，销售人员都应谦虚诚恳，多听少说；赞美在前，请教在后；请教在前，销售在后。

以利诱人

办公楼上静悄悄的，各公司门都关着。销售员小王走了一圈，仍找不到可访对象。这里共有14个办公室，分属8家公司。他举手敲了第一家公司的门，“笃笃笃……笃笃笃”，良久，无人开门。

“笃笃笃……笃笃笃”，他又敲响了右边一家的门，门口挂着兴发贸易公司牌子。“请进。”一位女士的声音。

小王推门而入，“抱歉，请问隔壁有人吗？”

“不知道，隔壁不属于我们公司，他们常出差。”

“是吗？真不巧。噢，小姐，你们贸易公司做礼品文具生意啊！”他像哥伦布发现新大陆一样，开始浏览该贸易公司四周货架上的样品，顺手指着一本影集问：“这本多少钱？”

“35元。”

“批发价多少？”小王很内行地问她。

“28元。”女士见有顾客，便站起来，热情地向他介绍起来。

“你这里的价格比外面贵。”小王不容置疑地说，“我刚买过50本，仅

20元一本。”

“你在哪家公司供职？”女士好奇地问。

“××人寿保险有限公司。”

“噢，贵公司需要很多文具礼品吧？”

“当然。”

“贵公司多少人？”

“1000多。”

“欢迎常来我公司看看。”女士抓紧时机递上名片。

小王双手接过名片，只见上方写着“兴发贸易公司公关经理”。

“我公司有1000多名销售员，每人按月顾客量30名计算，需要的文件夹、送人的小礼品就很多，特别是最近，我们新推出的‘为了明天’寿险，您瞧，”他不失时机地从包里取出厚厚一叠保单，“有小孩的，有老人的，其中年轻人最多。”他抽出中间一张年龄和这位女士差不多的，“这位小姐年龄和你差不多，保了5万元保额。”女士一听，戒备地退回到自己的座位上。

小王一看直接销售不行，立即说：“麻烦你，请将这份资料转交给隔壁公司，好吗？”

“好，这是什么？”

“这是我们公司的资料。小姐，麻烦你先了解一下，然后向他们解释一下好吗？”

“好吧！”

小王取出纸笔详细地向她介绍了保险的意义及他们的险种。当他讲完时，女士凝思了几秒钟，然后对小王说：“我买两份吧！给我老公也买一份。”

当然，临走时小王也没忘了请她给隔壁送一份资料去。

专家点评

由于现在推销工作多如牛毛，很多上班族每天都要被销售人员打扰，这使他们一见销售人员就比较头疼。如果销售员能让客户知道他的利益不会受损，或者感受到自己将会受益，那么他就会感兴趣，进而为你提供展示产品的机会。

专家支招

对反感推销的客户，先不要正面向他介绍产品，而是以利诱之，时机成熟后再进行销售工作。

巧用激将法

潘小姐是一家保险公司的业务员。一天，她有一位客户想投保20万元。

客户问潘小姐："投保20万元需要花多少钱？"

"为什么保这个数目？"潘小姐问。

"因为我觉得这个数目对我来说，能承受得起，即使出现意外，我的家人生活也有了保障。"

潘小姐想增加这个客户的保额，于是就说："出于对您的两点考虑，我们仔细探讨一下这个问题。如果我想买断您以后的所有收入，需要多少钱？"

"你会付给我多少钱？"客户反问道。

"您实际刚刚已经开价了，那就是20万元。"潘小姐笑着说。

"什么？你说我以后只能挣到20万元，我一年就能挣10万元。"客户显然有点被激怒了。

"请您先别生气，我的意思是说您完全可以多保一点。因为，如果您一年就能挣到10万元，保守地说，您还可以继续工作20年。20年以后，到您退休的时候就可以挣到200万元。但是，如果您不幸发生意外，您不仅会给家人造成感情上的损失，而且还会使他们失去200万元的财产。假如，您今天保20万元的话，您的家人就只能得到20万元，而不是200万元。我想，您心里一定想给家人更多的保障才踏实吧？”

“这么说来，我是有必要加大保险额度了？但200万元太高了，那我就保100万元吧！”

最后潘小姐轻松得到了一笔100万元的保单。

专家点评

为了让客户加大保额，适当运用激将法，适度地贬低客户，或许会起到出奇制胜的效果。但设计保额时也需要量体裁衣，对于小客户不要设计得过高，而对大客户，如果你将它的保额设计少了，有失他的身份，起不到实际作用。

专家支招

在运用激将法前，销售员一定要对客户的实际情况有所了解，实事求是，为客户选择合适的产品。

实话巧说

如果你是一名汽车推销员，当客户问你他那辆旧车可以折合多少钱时，你心里想的也许是：“这种破车还能值几个钱？”这可能是大实话，那辆车也许确确实实就是一辆不值钱的破车，它的轮胎也许已经磨损得不像样了，它很费汽油，车里的气味也许很难闻，总而言之，它就是一辆破车，但这种大实话你不能说。因为这是客户的车，他可能很爱这辆汽车，毕竟他开了这么多年，多少会有点感情。即使他不喜欢这辆车，也只有他才有资格来批评这辆破车。如果你先开口说这辆汽车如何如何的糟糕，这无疑是在侮辱汽车的主人，不知不觉中已经伤害了他的自尊心。想想这些，你还敢批评客户用过的东西吗？

佐藤先生的车已经用了十几年了，最近有不少销售员向他推销各种车子，那些销售员总会说："您的车太破了，开这样的破车很容易出车祸的……"或是说："您这破车三天两头就得修理，修理费太多了……"佐藤却执意不买。

有一天，一位中年销售员向佐藤推销汽车，他说："您的车还可以再用几年，换了新车太可惜。不过，一辆车能够行驶12万英里，您开车的技术的确高人一筹。"就这样，销售员不仅含蓄地表达出车子用得太久的观点，又使佐藤觉得很开心，立刻买下了一辆新车。

专家点评

有时，客户会自己说自己的东西不好，比如说："我这辆车太破，想买辆新车。"这时销售员不能跟着附和："你这车确实够破了，早该换辆新车。"特别是在谈及孩子时，当客户说他的孩子太淘气时，你若顺着他的话说："是够淘气的。"那你就休想他们买你的产品，你可以说："聪明的孩子都淘气。"

人天性喜欢听好话，不说实话并不是虚伪，反而是一种巧妙的说话方式。话是说给他人听的，你的话可以使他人心情舒畅，也可以使他人情绪一落千丈。使人心情舒畅于己于人都有好处，何乐而不为呢？

专家支招

（1）实话巧说，并不是要你以次充好欺骗客户，销售员对产品必须实话实说。

（2）对客户身边的人和事都要表现出兴趣和尊重。

欲擒故纵

某销售员正在销售甲乙两座房子。他想卖出甲房子，但他在和客户交谈时说：“您看这两座房子怎么样？现在甲房子在前两天已经被人看中了，要我替他留着，您看看乙房子吧，其实它也不错。”

客户当然两座房子都要看，而销售员的话也在客户心中留下了深刻的印象，产生了一种“甲房子被人看中，肯定比乙房子好”的遗憾。

到这时，可以说是出色地完成了整个销售工作的一半。

过了几天，销售员兴高采烈地找到客户说：“您现在可以买甲房子了，您真是幸运，以前订甲房子的客户由于经济状况突然紧张，只好先不买房了。现在我就把这套房子留给您。”

听到这话，客户当然很高兴自己能有机会买到甲房子，现在自己想要的东西送上门，眼下不要，更待何时。因此，买卖甲房子的交易很快达成了。

专家点评

对消费者而言，陈词滥调、毫无新意可言的推销话术只会让他们退避三舍。销售员就得善于抓住客户的心，设计出吸引客户的话语来。

在这个例子里，销售员既把握住了客户的心理，把客户的注意力转移到甲房上，又给他一个遗憾，甲房已被订购，激起客户对甲房更强的占有欲，最后让客户高高兴兴买走了房子。

专家支招

销售员要激起客户对产品的兴趣和占有欲。

找到关键点

有一次，鲍尔先生想买一栋房子，就找了一位房地产经纪人。

这个经纪人实在是太聪明了。他先是和鲍尔先生闲聊，很快就摸清了鲍尔先生打算出多少佣金，还知道鲍尔先生想买带树林的房子。

然后，他开车带鲍尔先生来到一栋房子的后院。这栋房子确实很漂亮，还紧挨着一片树林。鲍尔先生一看就很满意。这位经纪人对鲍尔先生说："你看看院子里的这些树！一共有18棵！ 18棵啊！"

鲍尔先生注视着那些大树，不禁惊叹不已，内心极为钟爱。他对这些树夸奖了几句，就开始问房子的价格。这位房地产经纪人开了个天文数字，鲍尔先生大声说："太离谱了，你再仔细算算！"

但经纪人则回答："你也许可以买到稍微便宜的房子……但是，你看，后院的树木，一棵、两棵、三棵……"只要鲍尔先生一提到价格，经纪人就开始数那些树："一棵、两棵、三棵……十八棵。"

最后怎么样，鲍尔先生会掏钱吗？他当然掏了，而且还不低，因为那里有18棵树。

专家点评

关键点是成功的钥匙。什么是关键点呢？简而言之，就是客户最感兴趣的东西，最能使客户下决心的事物。

这位房地产经纪人的推销术很高明，他就是抓住了客户的关键点，在聆听客户谈话的过程中，发现了客户最渴望的东西，然后他再把这样东西卖给客户。

专家支招

（1）销售人员不要急着卖出产品，要鼓励客户尽可能地多说话。

（2）和客户说话的过程中，留心找到客户的关键点。

准确找到购买的平衡点

销售员在寻找客户的时候，除了要搞清楚他有没有购买能力，还要搞清楚他有没有决策权力。

有的人经济条件很好，但是他没有决策权。就像在一个单位中，钱都在出纳那里，但是决策权却在领导那里，你会找出纳推销产品吗？美国著名的金融大鳄摩根有一句很有名的话：“你要找美国政府办事，最有效的办法是找美国总统。”对于从事销售的人来说同样适用。

在公司里，具有决策权的肯定是老板，但在家里情况就不一样了。如一家人中，一般购买电器等大物件的时候，具有决定权的多半是男人，但是如果购买家用的物品，恐怕女主人就有决定权了。所以销售员明确不同的人所掌握的决定权不同很重要。

一家三口在某电子市场选购电脑。导购员热情地迎上前去打招呼：“你们需要买一台什么配置的电脑呢？”

父亲对儿子说：“你看一下需要什么电脑。”

导购员很聪明，他发现这个孩子的目光总是盯着那些高价位的电脑，而他的父母却只在低价电脑旁转悠，显然他们的意见还没有达成一致。这位聪明的导购估计到，孩子比较追求时髦，追求高品位，想要一台高配置的电脑，而他的父母却比较节约，大概是希望他买一台价格低廉的。孩子左右为难，既想要高性能的电脑，又怕父母不给自己买。

导购小姐对孩子的父母说："这种电脑价格低廉，性能也会比较一般，年轻人对电脑的要求比较高，如果玩游戏、上网的话，配置显然不够。如果以后对硬件再进行升级，反而容易造成浪费。"

一席话说得孩子面露喜色。导购员又转过身来对孩子说："这种电脑虽然配置比较高，但一般的学习、娱乐还用不着，而且售价有些贵，买它可能会有点浪费了。"之后，她指着一台中间价位的电脑，对他们说："你们看看这台电脑怎么样？它的配置足以满足你学习、玩游戏、上网的需要，同样有硬件升级的空间，而且价格也适中，比较适合您家购买。"

这位导购员的一席话说得有情有理，各方面的需求都照顾到了——既满足了孩子追求高配置的要求，又满足了父母想要节省的愿望。最终，这笔交易顺利地达成了。

专家点评

这位导购员的聪明之处就是准确地找到了购买的平衡点：父母掌握着钱袋子，既想要节约，又不愿让儿子失望；儿子呢，既想要一台高性能、高配置的电脑，又怕掌握着财政大权的父母不给买，所以两者共同掌握决策权。导购员准确地找到了他们的平衡点，满足了双方的不同需求，使自己的销售取得了成功。

专家支招

（1）销售人员要善于察言观色，准确判断出潜在客户的偏好和情绪。

（2）销售人员应从客户购买的平衡点出发，不仅要说服客户购买产品，还要让大家皆大欢喜。

制造适当的紧张气氛

有一些交易似乎是无法完成的，但依靠销售员的高超技巧，也能顺利达成。

玛丽·柯蒂奇是美国的一位房地产经纪人。1933年，玛丽的销售额是2000万美元，在全美国排名第四。

下面就是玛丽的一个经典案例，她在30分钟之内卖出价值55万美元的房子。

玛丽的公司在佛罗里达州海滨，这里位于美国的最南部，每年的冬天，都有许多北方人来这里度假。

1933年12月13日，玛丽正在一处新转到她名下的房屋里参观。当时，他们公司有几个房地产经纪人和她在一起，他们参观这间房屋之后，还要去参观别的房子。

就在他们在房屋进进出出的时候，看见一对夫妇也在参观房子。这时，房主对玛丽说："玛丽，去和他们聊聊，也许会有收获。"

"知道他们是谁吗？"

"我也不知道。起初我还以为他们是你们公司的人呢，因为你们进来的时候，他们也跟着进来了。后来我才看出，他们并不是。"

"好。"玛丽走到那对夫妇面前，露出微笑，伸出手说："我是玛丽·柯蒂奇。"

"我是邓恩，这是我太太特丽莎。"那名男子回答，"我们在海边散步，看见有房子参观，就进来看看。我们不知道……"

"非常欢迎。"玛丽说，"我是这套房子的经纪人。"

“我们的车子就放在门口，我们从西弗吉尼亚来度假，过一会儿就要回家去了。”

“没关系，我们一样可以参观这套房子。”玛丽说着，顺手把一份资料递给邓恩。

特丽莎看着大海，对玛丽说：“这儿真美，真好。”

邓恩说：“可是我们必须回去了，要回到冰天雪地里去，真是一件令人难受的事情。”

他们在一起交谈了几分钟，邓恩掏出自己的名片，递给了玛丽，说：“这是我的名片。我会给你打电话的。”

玛丽正要掏出自己的名片给邓恩时，忽然停下了手。“我有一个好主意，为什么不到我的办公室谈谈呢？非常近，只要几分钟就到。你们出门往右，过第一个红绿灯，左转……”

玛丽不等他们回答好还是不好，就抄近路走到自己的车前，并对那对夫妇喊：“办公室见！”

车上已经坐了玛丽的两名同事，他们正等着玛丽。玛丽给他们讲了刚才的事情。没人相信他们将在办公室看见那对夫妇。

等车子停稳，他们发现停车场里有一辆卡迪拉克轿车，车上装满行李，车牌显示出，这辆车来自西弗吉尼亚！

在办公室，邓恩开始提出一系列的问题。

“这间房子上市有多久？”

“在别的经纪人名下6个月，但今天刚刚转到我的名下。房主现在降价求售。我想应该很快就会成交。”玛丽回答。她看了看特丽莎，然后盯着邓恩说：“很快就会成交。”

这时候，特丽莎说：“我们喜欢海边的房子。这样，我们就经常能到海边散步了。”

“所以，你们早就想要一个海边的家了。”

“嗯，邓恩是股票经纪人，他的工作非常辛苦，我希望他能够多多休息，这就是我们每年都来佛罗里达的原因。”

“如果在这里有间自己的好房子，你们就会更经常来这里，并且还会更舒服一些。我认为，这样一来，你们的生活质量将大大提高。”

“我完全同意。”

说完这话，邓恩就沉默了，他陷入思考。玛丽也不说话，等着邓恩开口。

“房主是否坚持他的要价？”

“这房子会很快就卖掉的。”

“你为什么这么肯定？”

“因为这所房子能够眺望海景，并且，它刚刚降阶。”

“可是，市场上的房子很多。”

“是很多。我相信你也看了很多。我想你也注意到了，它是少有的拥有自己车库的房子之一。你只要把车开进车库，就等于是回到了家。你只要上楼梯，就可以喝上热腾腾的咖啡。并且，这套房子离餐馆很近，走路几分钟就到，但它又很安静。”

邓恩考虑了一会儿，拿了一支铅笔，在一张纸上写了一个数字，递给玛丽：“这是我愿意支付的价钱，一分钱都不能再多了。我可以付现金，如果房主愿意接受，我会感到很高兴。”

玛丽一看，只比房主的要价少一万美元。

玛丽说：“我需要你的一万美元作为定金。”

“没问题。我马上给你写一张支票。”

“请你在这里签名。”玛丽把合同递给邓恩。

整个交易的完成，从玛丽见到这对夫妇，到签好合约，时间还不到 30 分钟！

实际上，固然这一对夫妇很满意这套房子，但他们当时并没有准备购买的意思。如果玛丽仅仅是把自己的名片交给他们，99% 的可能是，这桩交易会泡汤。玛丽必须利用这对夫妇在现场的有限时间，迅速完成交易。

那么，究竟怎么才能完成交易呢，怎样才能促使客户迅速做出决定呢？

玛丽采取了制造气氛的方法：要赶快买，否则就没有了，这会引发一种抢购情绪。如果销售员能调动自己的客户，使他具备这样的心情，不怕他不签约。

专家点评

压力推销法是指销售员使用强有力的语言促使客户做出购买决策的一种推销方法。使用这种强有力语言的能力也是销售员能力的一种体现。

这种给客户加压的方法是一种比较有效的心理战术，它会使客户在无形中感到一种压力，但客户感觉不出这是推销员施加的压力，却会以为是他们自己造成的。因此，使用这种推销技巧，就需要销售员说话具有感染力，对于环境有极强的控制能力，并且能够灵活运用。

专家支招

（1）压力推销法对那些已对产品动心的客户，或者是那些准备买，但又有点犹豫的客户最有效。

（2）给客户适当加压不是说要强买强卖，而且说话要自信真诚，具有感染力。

物以稀为贵

一次，一个美国画商看中了印度人带来的三幅画，画商愿意以每幅200元的价格买下来，印度人要价250美元，画商嫌贵不同意，因为当时一般画的价格都在100美元到150美元之间，画商怎么愿意出那么多钱呢？印度人二话没说，点火把其中一幅画烧了。

画商见到这么好的画烧了，甚感伤痛，表示愿以250元的价格买下剩下的两幅画，印度人要价400美元，当他见画商有些犹豫之时，又烧掉了其中的一幅。画商不敢再犹豫，他乞求道：“可千万别再烧这最后一幅！”他表示愿意以高价买下最后这幅画，最后以950美元的价格成交。

事后，有人问印度人为什么要烧掉两幅画，印度人说：“物以稀为贵，再则，美国人喜欢收古董，珍藏字画，只要他爱上这幅画，是不肯轻易放弃的，宁肯出高价也要收买珍藏，所以我要烧掉两幅，留下一幅卖高价。”

专家点评

有时候，一的价值是大于二的，道理很简单：物以稀为贵。

在市场上常看到商人们利用“稀”字营销，“××商品不再进货，抓紧购买，最后一次机会，失去可惜。”“××商品卖完为止，今后不再生产。”像警钟催人抢购，以刺激购买欲，每每都可收到好的效果。

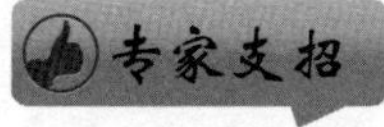

在适当的时候，销售人员要对客户强调产品的稀有。

一点点地往上加

美国好乐公司副总裁艾丽莎·巴伦在年轻的时候曾当过一家糖果店的店员。在所有的店员中，她是最受欢迎的。许多顾客宁愿多等一会儿，也要等着她给自己售货。

艾丽莎长得并不是最漂亮的，于是有人好奇地问她：“为什么顾客都喜欢找你，而不找别的小姐，是你给的特别多吗？”

艾丽莎摇摇头说："我绝对没有多给他们，只是别的小姐称糖时，起初都拿得太多，然后再一点点地从磅秤上往下拿。而我是先拿得不够，然后再一点点地往上加，顾客可能以为我给得多，自然就喜欢我了。"

专家点评

在现今以消费者为导向的市场趋势里，获得客户芳心的唯一妙方，便是从消费者的观点去看、去想、去研究，使消费者心里满意。

顾客都希望自己购买的东西多一点。一点点往上加，总比一点点往下拿，要来得让人舒服，感觉别人给得多。艾丽莎就是因为准确抓住了顾客这一微妙的心理，才招揽了源源不绝的客源。

专家支招

销售产品其实是一个攻心战，销售员掌握了客户的心理就是最后的赢家。

打折销售

1970年，日本东京银座的绅士西服店"日本良好"推出了打一折的生意。当时打七折、六折的大甩卖是常有的事，打一折的买卖却从来没有过。这不能不使东京人感到吃惊。

其实，这种销售方法的全过程是这样的：第1天打九折，第2天打八折，第3天和第4天打七折，第5天和第6天打六折，第7天和第8天打五折，第9天和第10天打四折，第11天和第12天打三折，第13天和第14天打两折，最后两天打一折，顾客只要在打折期间选定自己喜欢的日子去购物即可。如果想买最便宜的，那就到最后两天去，但是你想买的东西不一定会留到最后那一天。

采用这种销售方法，往往第 1 天和第 2 天顾客并不多，第 3 天便开始有一群一群的客人光顾；第 5 天打六折时，顾客便会盈门，并开始抢购；以后便连日客人爆满，直至商品被卖光。

专家点评

这种销售方法妙就妙在能抓住消费者的购物心理：谁都希望在最便宜的时候买到自己称心的东西，但是你想要买的东西又不能保证留到最后一天，所以一般的顾客到商品打七折时便开始焦躁，生怕自己看中打算买的东西让别人抢去。因此大多顾客是在打七折时便“掏口袋”。

这种促销方式，商品平均是以原价五折出售的，对商家来说的确有亏损，但这种方法不仅清理了存货，而且加深了顾客对商店的印象，比一些商家打出“清仓大甩卖”“跳楼大甩卖”“流泪大甩卖”一类的招牌效果要好得多。

专家支招

销售人员可以针对消费者希望购买物美价廉产品的心态，适时给客户施加适当的压力。

激发客户的好奇心

销售员金克拉推销的是厨房用具之一——锅。

有一次，金克拉因违反交通规则被罚款 30 美元，那时的 30 美元还是一笔很可观的金额。那天，他拿着罚款通知单去交罚款，工作人员是一位年轻小姐，当他把钱交给那位小姐时，忽然有了一个念头：如果能够巧妙地抓住这个机会与她搭上关系，也许能弥补这笔损失。

于是他对小姐礼貌地说："我想打听两件事，可以吗？"

小姐微笑着答道："请讲吧。"

金克拉问道："你大概是独身生活的吧？我想你大概也存了一点钱吧？"

小姐说："嗯，是呀。"

金克拉神秘地说："有一件非常好，以后你一定用得上的东西，如果看了喜欢它的话，你会愿意把它买下吗？"

"嗯，我想可以。"

"那件东西正在我的车里，是件非常漂亮的好东西，不但你现在需要，以后的生活中也会经常使用到。为了让你看看那件东西，能否占用你 5 分钟的时间呢？"

"嗯，我愿意看看。"

"那么，就请稍微等一下。"

金克拉赶快跑到车里，将那套锅的样品拿来。接着，尽管时间很短，他还是热心地进行了演示。随后他问那位小姐是否需要订货。

那位小姐把目光转向一位比她大 10 岁左右的已婚妇女，问道："如果您处在我的位置，您将怎么办呢？"

没等那位妇女回答，金克拉赶紧说道："对不起，我先说几句，请问，如果您站在这位小姐的立场上考虑问题，您将会怎么办？实际上，您是已婚者，结婚以后您所负担的费用会随着家庭人口的增加而加重，我想这些您是完全知道的。请您想想，如果您在结婚之前，能遇到像现在这位小姐可以得到一套这样漂亮的锅的机会，您会怎么办呢？"

那位妇女毫不犹豫地说道："如果是我，就将它买下来。"

金克拉就问那位小姐："这也应该是你想做的事情吧？"

小姐微笑着回答："嗯。"

于是，金克拉就得到了那位小姐的订货合同。

金克拉写完那个合同后，又问已婚妇女：“虽然在10年前您没有遇到这样的机会，可是总不能让您和您的家人以后一辈子也不使用这样的锅吧！”

“那倒是。”

“您大概也同样想买这套锅吧？”

“嗯，是的。”

就这样，金克拉很轻松地又做成了第二笔生意。

试想，如果金克拉最初就开门见山地问：“你想要一套锅吗？质量非常好的锅，要吗？”他还能做成这笔买卖吗？恐怕不能！他的成功在于先激起了对方的好奇心，使对方迫切地想知道他说的那个好东西究竟是什么。当他得到许可拿出样品后，又不失时机地加以示范，从而证实那东西确实不错，使对方根本没有机会产生“原来只是一口锅呀”这样的想法。

专家点评

在推销过程中，销售员若能做到激起客户的好奇心，使客户迫切地想知道他说的那个好东西究竟是什么，推销也就是举手之劳的事了。当然，必要时，销售员又不失时机地加以示范，从而证实产品确实不错，使客户根本没有机会产生任何拒绝的想法，推销成功的概率就会更大。

专家支招

（1）无论利用语言、动作还是其他方式引起客户的好奇心，都应该与销售活动有关。

（2）无论利用什么办法引起客户的好奇心，都必须真正做到出奇制胜。

探知顾客心理，排除销售障碍

一位年轻女士来到服装柜台，仔细观看挂在衣架上的羊毛衫。不一会儿，她从衣架上取下一款红黄相间几何图案的羊毛衫，端详了一会儿对售货小姐说："请问这件多少钱。"

"550元。"售货员小姐回答。

"好，我要了！"那位女士把毛衣放在服务台上，边掏钱包边对售货员说。

为她包衣服的时候，售货员恭维了她一句："小姐真有眼力，很多人都喜欢这款。"那位年轻女士听了售货员的话，沉吟片刻，然后微笑着对售货员说："抱歉，我不要啦！"

没想到，售货员一句恭维话反倒使顾客中止了购买！售货员真心客气地问："怎么，这样式您不喜欢吗？"

"有点。"年轻女士也很客气地回答，然后准备离开。

售货员立刻意识到，刚才那句恭维话可能是个错误，必须赶紧补救，于是趁年轻女士还未走开，赶紧问："小姐，您能否告诉我您喜欢哪种款式的？我们这几款羊毛衫是专门为像您这样气质高雅的女士设计的，如果您不喜欢，请留下宝贵意见，以便我们改正。"

听了售货员的话，年轻女士解释道："其实，这几款都不错，我只是不太喜欢跟别人穿一样的衣服。"

噢！原来这是位追求时尚，喜欢标新立异、与众不同的顾客。

"小姐，请您原谅。我刚才是说很多人都喜欢您看中的这种款式，但由于这款质量好，价格高，所以买的人并不多，您是这两天里第一位买它的顾客。而且，这种款式我们总共才进了5件……”经过售货员的一番争取，那位女士终于买走了那件羊毛衫。

专家点评

在这个看似平常的案例中，包含着一个比较复杂的问题：如何发现客户拒绝购买的深层理由。案例中的这位客户之所以中止购买，是因为喜欢标新立异、不愿从众随俗的性格特征。

消除各种阻碍客户购买行动的因素是推销过程的基本任务之一。而形成障碍的原因是十分复杂的，不同心理类型的客户会由于不同的原因拒绝购买。销售员必须了解到同一现象背后的不同动机，才能对症下药、排除销售障碍。

专家支招

（1）销售人员要有意识探知顾客的心理类型，洞悉顾客的心理活动，投其所好。

（2）当客户已经对产品感兴趣，但仍然不敢决策，有推脱之辞，这时就要利用询问法将原因弄清楚，再对症下药。

买贵的还是买对的——洞察客户的消费心理

在美国零售业中，有一家很有知名度的商店，就是彭奈创设的“基督教商店”。彭奈常说：“一个一次订十万元货品的顾客和一个买一元沙拉酱的顾客，虽然在金额上相去甚远，他们对店主的期望却是一样，那就是希望货品货真价实。”

彭奈对货真价实的解释并不是物美价廉，而是什么价钱买什么货。

彭奈的第一个零售店开业不久，有一天，一个中年男子来店里买搅蛋器。店员问："先生，你是想买好一点的，还是要次一点的？"

那位男子听了有些不高兴："当然是要好的，不好的东西谁要？"

店员就把多佛牌搅蛋器拿出来给他看。男子问："这是最好的吗？"

"是的，而且是牌子最老的。"

"多少钱？"

"120元。"

"什么？为什么这么贵？我听说最好的才几十元。"

"不是这样的。"

"可是，也不至于差这么多钱呀！"

"差得并不多，也有几十元钱一个的呢。"

男子听了店员的话，马上面露不悦之色，想立即掉头离去。彭奈急忙赶了过去，对男子说："先生，你想买搅蛋器是不是，我来介绍一种好产品给你。"

男子仿佛又有了兴趣，问："什么样的？"

彭奈拿出另外一种牌子的搅蛋器，说："就是这一种，请你看一看，式样还不错吧？"

"多少钱？"

"54元。"

"照你店员刚才的说法，这不是最好的，我不要。"

"我的这位店员刚才没有说清楚，搅蛋器有好几种牌子，每种牌子都有最好的货色，我刚拿出的这一种，是同一种牌子中最好的。"

"可是，为什么和多佛牌的差那么多钱呢？"

"这是制造成本的关系。每种品牌的机器构造不一样，所用的材料也不同，所以在价格上会有出入。多佛牌的价钱高，有两个原因，一是它的牌子信誉好，二是它的容量大，适合做蛋糕饼生意用。"彭奈耐心地说。

男子脸色缓和了很多："噢，原来是这样的。"

彭奈接着说："其实，很多人喜欢用这种新牌子的，就拿我来说吧，我就是用的这种牌子，性能并不差。而且它有个最大的优点，体积小，用起来方便，一般家庭最适合。府上有多少人？"

男子回答："5个。"

"那再适合不过了，我看你就拿这个回去用吧，担保不会让你失望。"

彭奈送走顾客，回来对他的店员说："你知不知道今天错在什么地方？"

那位店员愣愣地站在那里，显然不知道自己错在哪里。

"你错在太强调'最好'这个观念。"彭奈笑着说。

"可是，"店员说，"您经常告诫我们，要对顾客诚实，我的话并没有错呀！"

"你是没有错，只是缺乏技巧。我的生意做成了，难道我对顾客有不诚实的地方吗？"

店员默不作声，显然心中并不怎么服气。

"我说它是同一牌子中最好的，对不对？"

店员点点头。

"我没有欺骗顾客，又能把东西卖出去，你认为关键在什么地方？"

"说话的技巧。"

彭奈摇摇头，说："你只说对一半，主要是我摸清了他的心理，他一进门就说要最好的，这表示他优越感很强，可是一听价钱太贵，又不肯承认他舍不得买，自然会把不是推到我们头上，这是一般顾客的通病。假如你想做成这笔生意，一定要变换一种方式，在不损伤他的优越感的情形下，推荐给他一种比较便宜的产品。"

店员听得心服口服。

专家点评

普遍来说，客户想要得到的是：健康、时间、金钱、成就、进步、享乐、舒适、尊贵、自信、赞扬、年老时的保障；而客户想要节省或减少的是：时间、金钱、工作、不舒适、忧虑、怀疑、风险、困窘。

想不多花钱买到满意的东西是一种大众心理，所以销售员要注意满足顾客的虚荣心和他们的优越感，在不损伤他们优越感的情形下，让他们购买一种比较便宜的产品。

专家支招

（1）不能一律以产品的价格来定位产品，要善于观察客户的购买动机，强调产品对客户有利的方面。

（2）销售员说服客户时语言要真诚质朴，既不损伤对方的优越感又让人信服。

第七章
要推销产品，先推销人品

销售看起来是销售产品，而更深层的是销售你的人品。有人说，我才不管人品不人品，只要能把产品销售出去就是本事，这样的人注定与成功无缘。

被人们称为“世界上最伟大的推销员”的乔·吉拉德认为，做销售的人，人品比商品更重要。人在推销自己的产品时，也是在推销自己的人品。推销员每天与各种各样的客户接触，需要一种讨人喜欢的人品。客户喜欢你，进而信任你，你以优良的人品交朋友，你的推销活动才能顺利进行。

把优秀的一面展现给客户

某食品研究所为了创收，生产出一种果汁饮料，他们研究所没有专业的业务员，因此只好派刚刚来到研究所的一名女大学生来做业务推广工作。

这位大学生以前没有干过这样的工作，她到了一家百货公司，见到经理，拿出两瓶样品怯生生地说：“这是我们刚研制的新产品，想请你们销售。”

经理好奇地打量了一眼这个文绉绉的业务员，正要一口回绝，却被同事叫去听电话，就随口说了声：“你稍等。”

当经理接完这个电话之后，他已经忘了这件事。这位女大学生业务员怎么办呢？她没有走，经理让她稍等，她就一直等着，整整坐了几个小时的冷板凳。

到下班时，经理发现这个业务员还在等着，非常吃惊。此时，他不但觉得这个业务员守信，内心一下子感到很踏实，还认为她有一般人没有的坚强意志，很值得交往。经理立即向她表示歉意，并当场决定定货。

专家点评

这个案例说明，销售员在与顾客交往时，首先要用人格魅力吸引顾客。

现代销售强调的一个基本原则是：销售，首先是销售你自己。所谓销售你自己，就是让顾客喜欢你，信任你，尊重你，接受你，简言之，就是要让顾客对你抱有好感。

销售是与人打交道的工作，在销售活动中，人和产品同等重要。顾客购买时，不仅看产品是否合适，而且要考虑销售员的形象。顾客的购买意愿深受销售员的诚意、热情和勤奋精神的影响。

调查表明，顾客之所以购买你的产品，并非是对产品质量先有概念才决定的，而是因为对销售员的好感。据美国纽约销售联谊会统计，71%的人之所以从你那里购买，是因为他们喜欢你、信任你、尊重你。一旦顾客对你产生了喜欢、信赖之情，自然会喜欢、信赖和接受你的产品。反之，如果顾客喜欢你的产品但不喜欢你这个人，买卖也难以做成。

专家支招

把你优秀的一面展现给客户。如果客户喜欢你，信任你，尊重你，那你的推销就成功了一半。

销售，首先是销售你自己

日本企业家小池先生出身贫寒，20岁时在一家机械公司担任业务员。有一段时间，他推销机械非常顺利，半个月内就达成了25位客户的业绩。

可是有一天，他突然发现自己所卖的这种机械，要比别家公司生产的同性能机械贵了一些。

他想：“如果让客户知道，一定会以为我在欺骗他们，甚至可能会对我的信誉产生怀疑。”

深感不安的小池立即带着合约书和订单，逐家拜访客户，如实地向客户说明情况，并请客户重新考虑是否还要继续与自己合作。

这样的动作，使他的客户大受感动，不但没有人取消订单，反而为他带来了良好的商业信誉，大家都认为他是一个诚实且值得信赖的推销员。

结果，25位客户中不但无人解约，反而又替小池介绍了更多的新客户。

专家点评

推销的根本是在推销自己。如果客户对你的产品有一种可以信赖的、放心的感觉，那成功就在眼前了。

广告、宣传、售后服务，这些都是博得客户信赖的途径，但所有的基础都源自于销售员内心的诚实与积极态度。销售员站在客户的立场为对方着想，凡事以诚信为最高原则，由此得来的良好信誉，除了让你留住既有客户之外，还会拥有更多的客源。

专家支招

（1）销售的第一原则就是诚实，向客户销售你的人品，实际上就是向客户销售你的诚实。

（2）设身处地为客户着想，让你的客户体会到你的善意体贴。

坦率地说出缺点

“喂，您好，于总吗？”

“是我。”

“我是上次跟您通电话的小高。”

“噢，我知道，小高，上次咱们看的房子我不太中意。”

“您不是需要靠近紫竹桥的一套公寓吗？我在紫竹花园找到了一套比较适合您的户型。在B座第3层，是2室2厅，双卫，濒临紫竹院公园，环境优雅，交通方便，孩子上学也方便，离你们上班的地方也近。您还有其他什么问题？”

“我星期天刚看了一个户型，大致与你说的类似，不过我也可以抽时间看看你说的，做一个比较。”

“我也认为应该多比较比较，我现在给您介绍的这套房子，本来觉得比较理想，可是细究起来还是有些不如意，这套房子，没有什么别的问题，就是两间配房采光不足，而且夕照时间特别长，小区也不配车库。”

“噢，采光不足……”

“两间采光不足，没有车库。他的标价是每平方米 6 万元，比同一地区其他的公寓价格要优惠 3%，可以采用分期付款，首付 25%，长期贷款为 0.8%。”

“哦？”

“于总，是这样的，这里的绿化面积大，空气质量好。文化氛围好，因为这里住的文化名流比较多，离国家图书馆咫尺之遥。情况就是这样，于总，这套房子我向您介绍了，好的坏的都说了，不知道您对这个房子有什么看法？”

“我给几家公司做兼职策划，确实需要这样一个安静的环境，选这个位置主要是为了我爱人上班比较近。至于采光，比我们一直住的一楼要好得多。我们都是开车购物，离商业中心远近也无所谓，不过小高，我们的车能停在什么地方呢？”

“您的车可以停在公寓前面的空地上，如果明天您有时间可以带着您的夫人一块来，看看这套房子。”

“喔，明天不行，后天下午两点吧。”

专家点评

很多销售员在向客户介绍产品时，恨不得把什么都说成完美无缺。事实上，这样的产品不存在。现在的很多客户已经不会只听销售员的一面之词，而是会自己考察之后再做选择。销售员也应该以诚相待，产品的优点和缺点都应该向客户说明白。

其实，客户本人也清楚产品的哪些优点和缺点是自己希望和不希望的。诚实的销售员会在客户心中留下美好的印象，并因此使客户对他所销售的产品产生信赖。

专家支招

（1）根据客户的不同情况，清楚地说出产品的缺点和优点，反而会取得信任。

（2）对于要求苛刻、知识水平低的客户要尽量强调长处；对于那些在某种程度上有独立见解的人，不要光讲长处，说得过于完美，反而会引起他们的疑心。

推销虚夸遭拒绝，实话实说被接纳

上午，乔老板刚刚把商店的门打开，一位左手拿一叠袜子，右手提一个蓝色旅行包的中年男子，径直走到他跟前，开口说："老板，您好！请问袜子要不？纯棉的。"

乔老板的大脑一下反应过来：一个搞上门推销的！不过没关系，正好我也需要进一些袜子卖。只要他的产品好，送上门的东西我还不要吗？

那位推销员见乔老板动了心，就把手中的袜子递了过来，乔老板也很客气地就接住了。

乔老板把袜子拿在手上正面看了看，反面又瞧了瞧，随口问了一句："你这袜子怎么卖？"

那位推销员带着一种神气的口吻对乔老板说："这是名牌袜，叫'帅尔特'，纯棉的，我这是厂家直销，商场都卖到五六块钱一双，我给你十元三双。”

“纯棉的？我可不可以打开包装看一下？”

“可以。”于是乔老板就打开塑料包装袋。推销员点燃了一根香烟，显出一副很自信的样子。

“你这袜子的款式、颜色、厚薄都可以，但我可不可以再测试一下看它到底是不是纯棉的。”

“可以，请随便试吧。”

在征得推销员的同意后，乔老板就拿出打火机，在袜子的反面找到一根线头，烧了，然后又用鼻子闻，觉得有点儿刺鼻，不像是纯棉的。并且，火一烧，打卷。推销员见乔老板是行家，识破了真相，就一把夺回袜子，红着脸说："老板，你不用说了，这不是纯棉袜，但它含棉量高达80%，你若想要，我再给你加一双，十元钱四双怎么样？”

乔老板生气了："大清早让你来差点把我给骗了，不是纯棉说纯棉，若我不测试，你说这袜子是金丝做的，那我也相信了吗？你走吧，就是十元钱十双，我也不会要你的！”

推销员见乔老板这么生气，便灰溜溜地走了。

下午，就在乔老板正要关门下班时，进来一位戴着近视眼镜的姑娘，她穿了一套朴实又大方的灰色西装，手中提了一个显得空空的绿色提包。她进门就放下提包，然后直起腰，面带微笑地向乔老板问好，并问乔老板生意如何，就好像她认识乔老板似的。她介绍说："我是推销袜子的，现在手里边还有一些。您看，咱新疆干旱少雨，灰尘严重，尤其是地上，更是尘土多多，一双袜子穿一天就脏了，您的店里应多备些货，尤其现在是冬季，顾客需求大。”

乔老板想，又来了一个骗人的家伙，但乔老板想到也不能把谁都当坏人，就不冷不热地回了一句："你的袜子是纯棉的吗？多少钱一双？”

没想到她如实地说："这袜子，不是纯棉的，它含棉量是60%。您试一试就知道了。大哥，这样吧，您看，天快黑了，您也要下班回家。上午，我都卖十元两双，现在给您十元三双，怎么样？”

乔老板见这位推销员挺诚实，虽然产品价位贵了点，但她这人比上午那人强多了，于是，他们成交了。

专家点评

第一位推销员的产品和第二位推销员的产品比起来，无论从质量上还是价格上都占据上风，但结果是前者败下阵来，而后者却做成了生意，这是为什么？因为前者连唬带蒙，招致反感，后者据实相告，让客户信任。

现在的客户都是买卖精，你的产品如何，他们能看清。销售员千万别藏心眼儿，自作聪明；要诚心诚意地把产品的优劣交代清楚，这样，对方才能对你的人品有好的评价，进而接受你的产品。

专家支招

如实向客户反映产品的优缺点，才能赢得客户的信任。

说真话才能获得信任

有一家高档服装店，一天进来了两位顾客，指着一套最高档西装要买。售货员是位小伙子，马上把这套西装取来，十分和气地递了过去。试衣服的顾客身材有点胖，西装穿上有些小，连外行看上去都觉得不合适，但只见这位小伙子讲：“不错！挺好的！”他的意思是你快掏钱吧！这时另一位顾客使了个眼色，试衣服的顾客把衣服脱下就走了。销售员一心想把服装卖给人家，结果适得其反，而且这两位顾客以后可能再也不会光顾这家服装店了。

专家点评

销售员要意识到自己销售的是产品的性能和用途，是在向客户表达心意，要说明产品能解决客户什么问题，给客户带来什么利益。因此，只有说实话才能获得客户的信任，而客户的信任是销售员生存的基本条件。一个说谎话的销售员很快就会发现自己没有前途、没有客户，同时也没有了工作。

专家支招

（1）不要唯利是图，切忌对客户假意奉承。

（2）说真话才能获得客户的信任和尊敬。

给客户一个真诚的形象

一天，一位祖母带着她的孙子来车行买自行车。店老板是位男士，他向这位祖母介绍了一种正适合她孙子用的小车。可是那位祖母站在一辆较大的车旁说：“不，我要这辆大的，因为我家邻居的孩子有一辆与这一模一样的车。”

老板说：“女士，我觉得您的孙子骑那辆大车太大了，这样不利于控制，恐怕不安全。您应该给他买一辆大小各方面都合适的车。”

“不行，不行，我不想在这件事上被我那邻居比下去，我要最好的。”

店老板说：“这辆大的和小的品质都是一样的。”

“不，先生，我就要这一辆，就是我邻居小孩用的那种，我要一模一样的。”

店老板说："女士，您可能认为我不可理喻，但我还是希望您买那辆小的。您孙子骑大车不安全，如果是因为我卖给您一辆他无法控制的自行车而发生意外，我的良心会非常不安。所以，您即使要买，我也不会卖给您。"

事后，祖母和孩子的爸爸说起这事，孩子的爸爸不仅到店里当面感谢了店老板，还买了一辆小号的自行车。

专家点评

真诚是人类最美好的品德之一，对客户真诚意味着你必须重视客户、尊重客户，相信自己产品的质量，有充分的自信。

真诚对于销售人员来说显得尤其重要，因为顾客在做出购买决定之前，首先要对你有信赖感。

专家支招

树立真诚形象的方法有如下几个：

（1）言行一致，说过的话一定要做到，做不到的事情就绝不轻易允诺。

（2）销售员的个人情况、公司情况一定要让顾客了解。每一件事情都是光明磊落的，都是经得起考验的，绝不隐瞒顾客。

（3）真诚地站在客户角度考虑问题，为客户解决问题。

（4）向客户推荐的产品和所报的价格一定要属实，推荐产品不可有夸大、欺骗之词。价格一定要透明，不要有任何赚取暴利的想法。

（5）销售员要让客户随时可以找到你。

做一个有责任心的销售员

有一家公司一直苦于拿不到甲客户的订单，为此，公司派出了最优秀的业务人员，但甲客户仍然不为所动。

一天，这家公司的同事全部外出，只留下一位新来的年轻业务员，这时，电话响起。

“您找我们公司老板？他现在不在，请留下电话，我会帮您联络他。”年轻人很有礼貌地留下了来电者的姓名和电话。

他写了一张字条放在老板的桌上，同时打电话给老板，联络了数次，电话始终未能接通，直到下班时间，老板的电话仍然没有接通。

下班前，这位业务员打了一通电话给对方，他告诉对方找不到老板这件事，并请对方留下家中电话。

回到家之后，业务员还是继续打电话给老板，这次电话终于接通。

第二天，老板告诉大家：“我们公司终于拿下甲客户的订单了！”

原来，这位打电话来的人，就是甲客户，他告诉这家公司的老板：“我决定要将 100 万元的订单给你的公司，但是有一个条件，必须由接我电话的那位业务员来处理，如果他离开了，那么这笔订单也就不存在了。”

这位年轻业务员，基于对工作的热情，将所有想得到的方法都用上，没想到竟换来了一个大订单，后来，他不但业绩出色，还成为了公司的经理。

专家点评

责任心是一个工作人员最基本的职业精神，它可以让一个人在所有员工中脱颖而出。在销售工作中更是如此，负责任的销售员才能得到客户的信任。

有责任心的销售员会认真做好销售中的每件事，比如，多接通一个电话，可能就为公司多挽回一个客户，少接一个电话就会向外界暴露自己的工作态度甚至是服务质量。

专家支招

销售员要对客户负责，对公司负责，并且要有集体观念。

勇敢承认“这是我的错”

史蒂芬是个20多岁的美国小伙，几年前他在一家裁缝店学成出师。来到堪萨斯州的一个城市开了一家自己的裁缝店。由于他做活认真，且价格又便宜，很快就声名远扬，许多人慕名而来找他做衣服。有一天，风姿绰约的哈里斯太太让史蒂芬为她做一套晚礼服，等史蒂芬做完，发现袖子比哈里斯太太要求的长了半寸。但哈里斯太太马上就要来取这套晚礼服，史蒂芬已经没有时间去修改衣服了。

哈里斯太太到了史蒂芬的店里，她穿上晚礼服在镜子面前照来照去，不住称赞史蒂芬的手艺，并要按说好的价格付钱给史蒂芬，没想到史蒂芬坚决拒绝，哈里斯太太非常纳闷。史蒂芬解释说：“太太，我现在不能收您的钱。因为我把晚礼服的袖子做长了半寸。为此我很抱歉。如果您能再给我一点时间，我非常愿意把它修改到您要求的尺寸。”

听了史蒂芬的话，哈里斯太太一再表示她对晚礼服很满意，她不介意那半寸。但不管哈里斯太太怎么说，史蒂芬都坚持修改袖子让衣服更完美，最后哈里斯太太只好让步。

在去参加晚会的路上，哈里斯太太对丈夫说："史蒂芬以后一定会出名的，他勇于承认错误、承担责任以及一丝不苟的工作态度让我震惊。"

哈里斯太太的话一点不错。后来，史蒂芬果然成为了一位世界闻名的高级服装设计大师。

专家点评

销售是一个很特殊的行业。如果说"态度决定一切"在生活中是一条"金科玉律"，那么在销售行业中更是如此。人有失手，马有失蹄。偶尔犯错误，这是人之常情。勇于承认错误，是一个人的美德。只有意识到自己的错误，才可能悉心改正。

正确对待客户提出的问题，勇敢地说"这是我的错"，会使客户对你的产品产生信心，并对你的人格给予肯定。

专家支招

（1）如果销售员犯了错误，迅速坦诚地向客户承认。

（2）即使销售员没有错误，也不妨做些让步，让客户找到心理上的满足，从而为下一步工作做好铺垫。

言行一致的魅力

日本的夏目志郎曾 6 次被评为世界行销冠军。

有一次，他约了一个董事长，定好下午两点钟见面。他一点五十五分就到了，走进洗手间，在那里他对自己说："我是最棒的，我是最伟大的，我是世界一流的，我的微笑是最棒的，客户很喜欢我……”

这时，突然有一个人走进来，正好看到自言自语的夏目志郎，那个人上完洗手间，笑笑就走了。

一点五十九分，夏目志郎走出厕所，来到办公室。他对秘书说：“我跟你们董事长两点有约。”

秘书带他来见董事长，竟然似曾相识。原来，刚刚在洗手间里见过。

董事长问：“夏目志郎先生，你今天来是要给我介绍产品吗？”

夏目志郎说：“是的，董事长先生，我要给您介绍……”

董事长就说：“不用介绍了！”

夏目志郎吓了一跳，说：“董事长，我都还没有开始啊？”

董事长说：“你不用介绍，夏目志郎先生，你今天卖的任何产品，我都会全部买下。”

夏目志郎吃了一惊，说：“董事长，您都还不知道我在卖什么呀！”

董事长说：“夏目志郎先生，你在日本很有名的，你写的书，我有看过。你叫推销员在拜访客户之前提早五分钟到，然后先到洗手间对着镜子……我刚刚亲眼看到你这样做。你这个人言行一致，不用介绍了，全部买下来。”

专家点评

销售员销售的不只是产品，更是自己！当客户真正喜欢你、相信你了，才会接受你的产品。销售员要让客户喜欢你、欣赏你，就要具备高尚的品格；要让客户相信你，就要做到言行一致，以诚待人。

专家支招

销售员在任何时间和地点都言行一致是给客户信心的保证。

信誉就是资本

1835 年摩根先生成为一家名为伊特纳火灾保险公司的小保险公司的股东，因为这家公司不用拿出现金，只需在股东名册上签上名字就可成为股东。这正符合当时摩根先生没有现金却想获得收益的情况。

但是就在那一年冬天，有一家在伊特纳火灾保险公司投保的客户遭遇了火灾。如果按照规定，完全付清理赔金，保险公司就会破产。股东们一个个惊慌失措，纷纷要求退股。

摩根先生斟酌再三，认为自己的信誉比金钱更重要，他四处筹款并卖掉了自己的房产，低价收购了所有要求退股股东的股份。然后，他将赔偿金如数付给了投保的客户。

一时间，伊特纳火灾保险公司声名鹊起。

几乎已经身无分文的摩根先生成为保险公司的所有者，但保险公司已经濒临破产。无奈之中他打出广告，凡是再到伊特纳保险公司投保的客户，保险金一律加倍收取。不料客户很快蜂拥而至。

原来，现在在很多人的心目中，伊特纳保险公司就是最讲信誉的保险公司，伊特纳火灾保险公司从此崛起。

这位摩根先生就是主宰华尔街金融帝国的摩根先生的祖父，是美国亿万富翁摩根家族的创始人。

一场突发的火灾曾使摩根先生濒临破产，同样也是这场火灾成就了一

个家族的事业。摩根先生成功的秘诀就是讲诚信、重信誉。他曾说："信誉是我一生的恪守，因为它具有无穷的复利效果，可以让你从身无分文的小子变成真正的亿万富翁。"

同样，对销售人员来说，如果不能坚守诚信，客户就无法信任你，那你能获得的财富就非常有限，缺乏信誉甚至能导致破产。

专家支招

（1）销售人员首先要具备的品质就是诚信，对客户要真诚、讲信用。

（2）信誉是一种资本，需要销售人员一步步积累，坚持到底。

从小事上看出你的信用

在移动电话普及之前，有一家公司的领导规定：推销员必须每天在固定时间打电话报告工作情况。

有一位推销新手，曾当过兵，服从命令成了他的习惯。一次，在规定的时间，他正在与客户商谈，而且正处于关键阶段，实在无法抽出时间去打公用电话汇报，于是他对客户说："对不起，已经到了向公司汇报的时间，我能否借电话用一下？"然后向公司汇报了情况。

第二天，那个公司营业所长接到了客户的电话。客户说："到目前为止，我接待了很多推销员，但还是初次见到如此严格遵守公司汇报这一规定的人，而且付了电话费，这不是简单的钱的问题，是一种对待任何事情的态度问题。因此，我决定买你们的保险。"

专家点评

这个销售员取得了成功，是因为他的一举一动赢得了客户对他的信任。在对方的心目中，他是一个可靠、可信赖的人。

销售员最重要的是赢得客户的信赖，然而，不管采用何种方法达到此目的，都要从一些微不足道的小事做起。一个优秀的销售员用不着说“我是非常守信用的”，因为，销售员的一举一动、一言一行都能表明自己是否值得信赖。有时，哪怕是一件极不起眼的小事，也可能使你的信誉倍增。

记住，在越小的事情上越能看出人的信誉来。如果那么小的事情你都极讲信用，大事上客户当然放心。

专家支招

（1）平时养成一些好的习惯。

（2）在推销过程中，微不足道的小事也不要忽视，哪怕是微不足道的一两毛钱的电话费。

做个守时的人

小李是一个工作出色的人，但他有一个毛病，经常早上迟到，下班的时候走得比谁都早。老板看在他工作出色的分上，没有说他什么。有一次，老板与他约好时间一起到一个客户那里签合同。头一天，老板叮嘱小李早一点来，不要迟到。可到了第二天早上，小李差不多迟到了半个小时。等小李和他老板一起驱车到达客户那儿的时候，比约定时间迟到了 20 多分钟，客户已经离开办公室，去出席一个会议了。

小李和老板赶紧给客户打电话。客户对他们说："你们为什么迟到，害得我等了将近半个小时？"

小李以狡辩的语气回答说："呀！我知道的。我们虽然迟到了20分钟，你也可以等一等呀。就20分钟有那么紧要吗？"

客户严肃地说："等一等？！你要知道，准时赴约是一件极重要的事。你不要以为我的时间不值钱，以为等一二十分钟是不要紧的。老实告诉你，在那20分钟时间里，我本来可以预约另外两件重要的谈判项目！"

小李说："那我们再约个时间谈谈吧！"

客户说："对不起，你们不守时，我怕你们到时完不成我们托付给你们的任务。"

小李因为迟到，使公司失去了已经落入手中的好机会，给公司造成了不小的损失。老板一气之下，把小李辞退了。

专家点评

看一个人是否重信誉，先看他是否守时。不守时就是不守礼，不守礼必然不守信。守时是一种素质，更是一种诚信。如果销售员连起码的礼貌都不懂，还奢谈什么守信？

办事准时、守时的人才能获得别人的信任，做销售、签协议最讲究时效，所以，我们千万不要觉得迟到几分钟无所谓。要知道时间是宝贵的，尤其客户的时间更是宝贵的，我们不能浪费客户的时间。因此，与他们约见一定要信守承诺。

专家支招

（1）守时是一个销售人员应具有的最基本的工作习惯，不仅上班时间不能迟到，不能早退，约客户时更要准时，切忌让客户等候。

（2）无论什么原因，迟到和让别人等待都是不良的表现，你会因此被认为是不讲原则、不守时的人。

细微之处赢得客户的好感

有个销售员，欲前往农场向农场主人推销公司的收割机。到达农场后他才知道，前面已经有十几个销售员向农场主人推销过收割机，但农场主人都没有买。

这名销售员来到农场时，无意中看到花园里有一株杂草，在美丽的花园中显得很不和谐，便弯腰下去把那株杂草拔除。而这个小小的动作恰巧被农场主人看见了。

销售员见到农场主人后，正准备介绍公司的产品，农场主人却阻止他说："不用介绍了，你的收割机我买了。"

销售员大感诧异地问："先生，为什么您看都没看就决定购买了呢？"

农场主人答："第一，你的行为已经告诉我，你是一个诚实、有责任感、心态良好的人，因此值得信赖。第二，我目前也确实需要一台收割机。"

专家点评

销售的成功，有时和销售人员在细微之处注意表现自己的个人魅力是分不开的。客户和销售员接触的时间很有限，在有限的时间内要让客户完全了解你是不可能的。但是，销售员可以用细节来说话，通过细节，客户能够辨别真正品质好、有内涵的人。

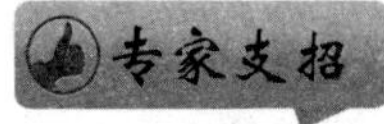

无论何时，销售员都要怀有感恩心态，在细微之处注意自己的言行。

不要一味地只说对不起

这是1971年的事情，发生在柴田和子进公司的第二年。

这天，柴田和子一大早再次确认了与某印刷公司老板中午的约会，电话里老板说："你中午过来吧。"

忙完了一上午的事情，柴田在整12点钟来到该公司。由于她和这位老板还是初次见面，所以不知道坐在对面的就是老板，便一边进办公室一边问："对不起，请问社长在吗？"结果，被对面坐着的那位劈头一顿数落："喂！我说，搞没搞错？哪有中午约人家谈事情的！"他言下之意就是：连中午饭都还没有吃，谈什么保险，没见过这么不懂规矩、没有常识的人。

一般遇到这种情况，业务员通常会马上鞠躬道歉，连说对不起。然而，柴田可不是省油的灯。如果说事前没有预约，那当然要另当别论，可明明是约好的，况且她也同样还空着肚子呢！

于是，那位老板的话音刚落，柴田这边马上接过话茬："那么社长您说的中午是指几点钟？您说中午来，所以我就准12点钟到，我是按照您的吩咐做的，好像并没有做错呀。对社长来说，12点钟不是中午吗？"

老板顿时露出十分惊讶的表情，似乎在说："喔，好一个厉害的女人！"

柴田这时并没有停下来而是口气稍微婉转了一些："那么12点半钟可以吗？"

好像还没有缓过神来的老板不自觉地说："可以，可以！"

“那我先去吃中午饭了。”柴田丢下这句话一转身就出去了。

此时的柴田好像忘记刚刚发生过的不愉快，在不远的餐厅里要了一份意大利面，狼吞虎咽起来。

吃完饭，柴田提前 3 分钟赶回老板的办公室，挑了他透过玻璃可以看得见自己的位置等着，用脚打着拍子，就是要明明白白告诉他，约好的是 12 点半钟，时间不到，我绝不会进门的。那位老板已经把这些都看在眼里。

12 点半钟，柴田敲门进入办公室，精气神十足地对老板大声说道：“我是‘第一生命’的柴田和子，初次见面，请多多关照！”

结果，虽然不免被人家暗地里称为“疯女人”，但最终得以入座，并签下了老板个人、主管及员工合计 2.8 亿日元的保单。

专家点评

顾客是上帝不假，可如果我们完全没有错误，却为了讨好客户而不辨是非地一味向客户道歉，会让他们产生莫名其妙的优越感，会不拿销售人员当回事儿。

好的销售员应具备坚定自信的品质，不能一味迁就。所以，该理直气壮的时候，绝对不能气短，哪怕会丢了生意。

专家支招

（1）销售员一定要有自己的原则，让客户瞧得起自己，信任自己。

（2）从细节上重视对客户的拜访，如守时，让对方感受到你的诚意。

自尊赢来保险大单

现在已是某著名保险公司股东会成员之一的赵女士在回忆起她的成功经历时说，她所卖出的数额最大的一张保单不是在她经验丰富后，也不是在觥筹交错中谈成的，而是在她第一次出门推销的时候。

赵女士清楚地记得，当她第一次去推销保险的时候，去的是一家很大的合资电子企业。当时，赵女士对这样的公司有些敬畏，不太敢进去。

在犹豫了很久之后，她还是鼓足勇气进去了。当时，整个楼层只有外方经理在。

“你是谁？来这里干什么？”外方经理冷冷地问。

“打搅你一下，我是保险公司的营销员，这是我的名片。”赵女士双手递过名片，心里有些发虚。在学校没少和老外打交道，可眼前这老外是洋老板，而且是个不太老的老板，感觉就有些两样。

“推销保险？今天你已经是第三个了，谢谢你，或许我会考虑，但是现在我很忙。”老外的声音不带任何感情色彩。

赵女士本来也不指望那天能卖出保险，所以毫不犹豫地说了声“抱歉”就离开了。如果不是她走到楼梯拐角处下意识地回了一下头，或许她就这么走了，以后也不会有任何事情发生。

这一回头不要紧，一向自尊的赵女士看见自己的名片被那个老外撕成两半扔进了废纸篓里，顿时气得直喘粗气。

她猛地转回身去，对老外说：“尊敬的先生，如果你现在不打算考虑买保险的话，请问我可不可以要回我的名片？”

外方经理没有丝毫心理准备，他根本想不到赵女士竟然这么较劲。但他还是故作平静地耸了耸肩，问她为什么。

“没有什么特别的原因，上面印有我的名字和职业，我想要回来。”

“实在抱歉，小姐，你的名片让我不小心洒上墨水了，不适合还给你了。”

“如果真的洒上墨水，也请你还给我好吗？”赵女士看了一眼废纸篓。

外方经理沉思片刻，仿佛有了好主意：“这样吧，请问你们印张名片的费用是多少？”

“五毛，问这个干什么？”赵女士有些奇怪。

外方经理拿出钱夹，在里面找了片刻，抽出一张一元的递给赵女士：“小姐，真的很对不起，我没有五毛零钱，这钱是我赔偿你名片的，可以吗？”

赵女士想夺过那一元钱，撕个稀烂，告诉他她不稀罕他的破钱，告诉他尽管她们是做保险推销的，可也是有人格的。但是她忍住了。

她礼貌地接过一元钱，然后从包里抽出一张名片给了他：“先生，很对不起，我也没有五毛的零钱，这张名片算我找给你的钱，请你看清我的职业和我的名字。这不是一个适合进废纸篓的职业，也不是一个该进废纸篓的名字。”说完这些，赵女士头也不回地走了。

没想到第二天，赵女士就接到了那个外方经理的电话，约她去他公司。赵女士带气而去，打算再次和他好好理论一番。

结果有点意外，外方经理告诉赵女士他决定为全体职工购买保险。这笔巨额保单的故事，至今仍在保险界广为流传。

专家点评

赵女士维护自尊的做法最终赢得了外方经理的尊重。她并没有因为别人有地位、有金钱就不自觉地矮人一截，对侵犯人格的举动视而不见，而是让对方明白尊严的真正意义。因为自重，她赢得了尊重。

松下幸之助在给他的员工培训时曾有过这样一段论述：“不怕别人看不起，就怕自己没志气。人须自重，而后为他人所重。应该让别人在你的行为中看到你堂堂正正的人格。”不言而喻，不能自重的人最终丢失的，是他自己。所以，在待人接物，与人打交道的过程中，要学会自重——这是换取他人尊重的重要条件。

专家支招

销售员在拓展业务的过程中，在保证尊重他人的前提下，如果有人污蔑自己的尊严和人格，就必须表现出自己强硬的一面。

做个充满爱心的人

有户人家搬家后不久，当时还不满4岁的儿子汤姆，在一天傍晚突然失踪了。全家人分头寻找，找遍了大街小巷，依然毫无结果。他们的恐惧感越来越深。于是，他们给警察局打了电话，几分钟后，警察也配合他们一起寻找。

小孩的父亲齐格勒开着车到街上去找，所到之处，他不断地打开车窗呼唤汤姆的名字。附近的人们注意到他的这种行动，也纷纷加入进来。

为了看汤姆是否已经回家，这位父亲不得不多次赶回家去。有一次回家看时，在家门口突然遇到一家公司的销售人员，于是恳求说：“我儿子失踪了，能否请您和我一起去找找看？”此时却发生了令人难以置信的事情——那个人不知为什么，竟然做起了推销表演！

尽管齐格勒气得目瞪口呆，但那个人还是照旧表演。几秒钟后，齐格勒总算打断了那人的表演，他怒不可遏地对那人说：“你如果加入帮我找儿子的行列，等儿子找到了，我就会和你谈产品问题。”

汤姆最终被找到了。倘若那个人当时能主动帮助潜在客户寻找孩子，20分钟后，他就能够得到销售史上最容易得到的交易了。

专家点评

对客户和周围事情冷漠、无动于衷的销售员是不会赢得客户的。销售员必须是充满爱心的人，爱你的人、爱你的产品、爱你的客户，这样你才会得到客户的回报。

如果再进一步，成为客户信任的销售员，你就会受到客户的喜爱、信赖，而且能够和客户形成亲密的人际关系。而这些客户关系都只能在爱心的基础上建立起来。形成这种人际关系后，客户仅仅看在你的分上，就会自然而然地购买你的产品。

专家支招

（1）销售员要保持一颗爱人的心，真诚善良，以此打动客户。

（2）即使客户没有购买你的产品，也要怀有感恩的心，对客户的难处不要幸灾乐祸。

人缘无处不在

高明的销售人员总是不放过任何一次为客户服务的机会。

一次，一个保险销售员乘坐公共汽车，到站停车时，上来了一个白发老人，他马上起身让座。老人很感激地说：“谢谢你，小伙子。”

“不用谢，这是我们保险销售员应该做的，因为我们是爱的使者。”如此一言一举引来了周围人们的议论。

“这是我的名片，如果大家有什么服务需要，尽管打电话。同时，更希望大家能给我以及我的公司提出宝贵的意见。”他边说边恭敬地把名片递给周围的人。这里的气氛被感染了，有些人干脆提出请求：“请给我一张。”

人们所得到的不只是那一张小小的名片，更是这个销售员的真诚，在需要时人们就可能会联系他。

专家点评

作为销售人员，要想让别人喜欢你，首先要给对方留下美好的第一印象。懂得随时用自己的人品打动客户的销售员往往会给对方留下深刻的印象，获得好人缘。

专家支招

销售员不要放过任何一个推销自己的机会，要用自己的人格力量感染他人，得到好人缘。

关心客户获得信任

贝特格认识一位客户，她是一位老太太。她对任何陌生人都持有戒心，之所以同意与贝特格见面，纯粹是因为她的律师做了引荐。

她一个人住，对任何一个她不认识的人都不放心。贝特格在路上时，给她家里打了一个电话，然后抵达时又打了一个电话。她告诉贝特格律师还未到，不过她可以先和他谈谈。这是因为之前贝特格和她说了几次话，让她放松了下来。

贝特格第二次见到这位准客户时，发现她因为什么事情而心神不宁。原来，她申请了一部急救电话，这样当她有病时，就可以寻求到帮助。社会保障部门已经批准了她的申请，但一直没有安装。贝特格马上给社会保障部门打电话，当天下午就装好了这部急救电话，贝特格一直在她家里守候到整个事情做完。

从那时起，这位客户对贝特格言听计从——给予了他彻底的信任。因为贝特格看到了困扰她的真正事情。现在，她相信贝特格有能力照看她的欲求和需要。

专家点评

在销售过程中，客户对销售员的信任是最难建立起来的，往往要花费销售人员近一半的时间。而这种信任一旦建立，销售人员就有机会去深入了解客户的需求，向客户展示产品，提供服务并实现销售。

信任有许多源头。有时候，它和你在商业上的建议没有任何关系，而是因为你——作为一名销售员做了一些额外的小事。恰恰是这点小事，可以为你带来意想不到的收获。因为真心诚意地帮助客户解决问题是赢得客户信任的重要原因。

专家支招

（1）销售员所作所为的目的都应是取得客户的信任。

（2）关心客户，为人真诚是信任的最佳源头。

逢人不落礼节

肖萍下岗后，经熟人介绍，为一家啤酒厂搞推销。

第一天，她把十来箱酒装在人力三轮车上，蹬着车子一家商店一家商店地去推销，却被这些商店一一拒绝。这些商店都有自己的直销商，生人难以打进去。于是，肖萍又一家挨一家地去酒店、饭店推销，可结果还是令人失望。

肖萍通过认真调查，终于了解到当地的湖山大酒店是月销啤酒量很大的一家星级酒店。她虽没去过，不过听人说，这家酒店的老板脾气挺冲，一般的酒类推销商他根本不放在眼里，甚至有的推销商还没摸着他办公室的门，便被撵了出去。她想，老板再可怕也是人，他能把你吃了不成？

这天，肖萍穿上一套银灰色西服套裙，显得温文尔雅、淳朴大方。她蹬着一车啤酒来到了湖山大酒店的门口，先是客气地向两位保安问好，然后又微笑着向吧台小姐打招呼。吧台小姐也礼貌地迎接了肖萍，当问肖萍需要什么服务时，肖萍说明了来意。此时，肖萍自然得体的举止、甜甜的微笑吸引了吧台边上一位中年男子的目光，他迎着肖萍走过来问："你是哪家啤酒厂的？"

肖萍说："天日啤酒厂的。"

"好，你推销的天日啤酒我要了，从今往后，每月500箱。"原来，这位中年男子就是酒店老板。

肖萍简直不敢相信眼前的事实，当她望着面前的老板发愣时，老板哈哈地笑了，说："我这里来了一批又一批的啤酒推销商，但你是第一个跟门外的保安和吧台的小姐热情打招呼的，那些推销商没有一个像你这样尊重我手下的每一个人。”他还说，当初他也是下岗干部，在位时好多人围着他转，下岗后许多人都翻脸不认他了，所以他对势利小人最反感。

专家点评

客户在购买产品前，首先要对销售员本人有一定的认可度，只有他认可了销售员，才有可能认可销售员所销售的产品。所以，一位优秀的销售人员不只是研究如何销售产品，更要研究在销售产品之前如何销售自己。

好的形象是销售员的第一张名片，它不仅仅是靠得体的打扮和大方的举止，好的人品更能为自己的形象加分。甜美的微笑能向客户展示积极向上的心态，礼貌对待每一个人能体现销售员谦虚和气、尊重他人的品质。

专家支招

（1）在销售过程中，销售员要对所有接触的人都客气礼貌，应酬周全。

（2）不要忽视小人物，重视客户身边的雇员就等于尊重客户本人。

倾听的收获

经朋友介绍，重型汽车销售员乔治去拜访一位曾经买过他们公司汽车的商人。见面时，乔治照例先递上自己的名片：“您好，我是重型汽车公司的推销员，我叫……”

才说了几个字，该客户就以十分严厉的口气打断了乔治的话，并开始抱怨当初买车时的种种不快。如服务态度不好、报价不实、内装及配备不对、交接车的时间等待过久等等。

客户在喋喋不休地数落着乔治的公司及当初提供汽车的销售员时，乔治静静地站在一旁，认真地听着，一句话也不敢说。

终于，那位客户把以前所有的怨气都发泄完了。当他稍微喘息一下时，方才发现，眼前的这个销售员好像很陌生。于是，他便有点不好意思地对乔治说："小伙子，你贵姓呀，现在有没有一些好一点的车种，拿一份目录来给我看看，给我介绍介绍吧。"

当乔治离开时，兴奋得几乎想跳起来了，因为他手上已经拿着两台重型汽车的订单。

从乔治拿出产品目录到那位客户决定购买，整个过程中，乔治说的话加起来都不超过 10 句。重型汽车交易拍板的关键，由那位顾客道出来了："我是看到你非常实在、有诚意又很尊重我，所以才向你买车的。"

专家点评

倾听是一种礼貌，是一种尊敬讲话者的表现，是对讲话者的一种高度的赞美，更是对讲话者最好的恭维。倾听能使对方喜欢你、信赖你。

每个人都希望获得别人的尊重，受到别人的重视。当我们专心致志听对方讲，努力地听，甚至是全神贯注地听时，对方一定会有一种被尊重和重视的感觉，双方之间的距离必然会拉近。

专家支招

销售员应尊重客户，在适当的时候，多听听客户的话。

真诚地称赞对手

法兰克·贝德佳是一名美国职业保险销售员，他在销售过程中非常注重获取客户的信赖。

有一次，贝德佳去拜访某公司财务经理舒伯特先生。

“舒伯特先生，您好。今天来拜访您，是希望您能在我们公司投保。其中的收益我会一一向您介绍。”贝德佳直入主题。

“很抱歉，前段时间我已经投保了。”舒伯特耸耸肩膀。

“舒伯特先生，请问您投保的是哪家公司？”

“新都保险公司。”

“您投保的公司很不错！”贝德佳非常中肯地说。

舒伯特听了感到很惊讶。他觉得法兰克·贝德佳夸赞对手是一件不可思议的事情，但是听着别人说自己投保的公司很不错，又觉得很自豪。复杂的心理促使他继续问下去：“真的吗？”

“当然，他们的确是一流的保险公司！”贝德佳的语气非常肯定。

接着，贝德佳又向舒伯特详细介绍了新都保险公司的优点，并为他做了专业性指导。舒伯特聚精会神地听着，不时地点头附和。

介绍完之后，贝德佳礼貌地说：“舒伯特先生，很抱歉，打扰您了，也很遗憾不能跟您合作。希望以后有机会吧，再见。”

法兰克·贝德佳走了之后，舒伯特开始思考，他觉得像法兰克·贝德佳这样真诚称赞对手的推销员实在不多，一个能够称赞对手的人一定是个客观、诚实的人，而且是值得信赖的人。

不久，舒伯特决定主动给法兰克·贝德佳打电话投保，因为他觉得与这样真诚的人合作是一件相当放心的事情。另外，他还把公司的几位主管介绍给了贝德佳。

专家点评

客户对销售员的信赖源于销售过程中的点点滴滴，是存在于一言一行每一个细节中的。称赞对手，让客户感觉销售员不是“王婆卖瓜，自卖自夸”。其实，明眼人都知道夸他们，也是夸自己，因为“我”是“他们”中的一员，而且这让客户感觉你很客观，值得人信赖。

专家支招

销售员应当为人真诚，千万不要诋毁竞争对手。

热情的力量

在纽约市的一家百货公司里，有一位身材娇小的女士正在那里销售自己公司的香水，这位女士不是一位普通的推销员，而是一家化妆品公司的拥有者，她的化妆品公司名叫La Prairie，她的名字就是米亚·墨菲——她后来成功地创立了纽约比较出名的米亚·墨菲公司。

当时百货公司里有各种品牌的香水，其中不乏一些世界知名品牌，但是几乎所有来到La Prairie公司柜台前的顾客都能从米亚·墨菲制造的热烈气氛中产生一种感觉，那就是整个百货公司只有La Prairie香水，甚至全世界只有La Prairie。因为，米亚·墨菲以及该公司其他销售人员的热情几乎让顾客们没有心思去考虑其他任何品牌的化妆品。当时，米亚·墨菲的身旁围了一大群人，在整栋大楼的任何一个角落几乎都可以听到 La Prairie 公司的声音，最终现金也不断地进入 La Prairie 的钱柜。

后来，当米亚·墨菲要为米亚·墨菲公司的成立筹措资金的时候，一位亿万富翁很快就为她提供了全部所需的资金，而这令米亚·墨菲本人都深感惊讶。

亿万富翁的回答则迅速使米亚·墨菲由惊讶变为欣慰，并且更坚定了她成功的信心，亿万富翁是这样说的："事实上我不是在投资你的公司，而是在投资你这个人。我曾经在一家百货公司见到过你推销 La Prairie 香水的情景，那情景令我至今印象深刻。我看到你将全部热情投入到你的产品上，而且你的热情对周围的所有人都产生了一种强烈的感染力。这就是我为什么要投资于你的原因。"

专家点评

销售人员对自己所销售的产品是否具有足够的热情，这将直接影响客户对产品的态度。客户既会被销售员对产品的热情所吸引，也会因为销售员对产品的冷淡和不自信而排斥被销售的产品。同时，在产品同质化日趋严重、同行业竞争不断加剧的情况下，影响客户是否购买产品的主要原因往往不是产品本身，而是推销人员向客户传递的他们对产品的态度。

虽然在销售活动中，最终决定交易是否成功的人是客户——如果客户坚持不掏钱购买，那么再能干的推销员也不可能独自完成交易；但是销售员却是促使客户是否决定购买的关键因素——如果销售员在销售过程中稍稍表现出对产品的不自信或冷淡，就可能导致交易的失败；而对产品积极热情的推销员却可以扭转客户对产品的消极看法，从而促使客户做出购买决定。

专家支招

（1）销售员对自己的产品要怀有真诚而坚定的信念。

（2）销售员在与客户沟通的时候，自己必须要表现出对产品的极大热情，并且要想办法将自己对产品的积极态度传递给客户。

（3）销售活动中必定会有许多挫折，但无论如何都不要失去对产品的信心和热情。

一勤天下无难事

徐小姐是一名保险销售员，她入行后，从一名基础的销售员起步，第二年就被公司评为全国明星销售员。接下来，她连续好几年夺得广州本部的销售冠军，她的团队也稳坐第一名的宝座。

徐小姐总结自己的成功秘诀时说："勤奋是首要的，其次是对行业、对公司的认可，而营销的技能、技巧再次之。""没有专业知识，不懂销售的技巧，没关系，只要愿意付出，自己认可自己的工作，脚踏实地去学习，肯定会有成功的一天。"

在初入行的时候，徐小姐也遇到了很多困难，她决定从陌生拜访开始。她回忆当初开垦广州新机场时："新机场还在建设当中，没有公交车进去，的士也不愿意进去，我是两脚泥泞独自走进去的。"经历了无数次的跋涉，徐小姐终于把建筑工地的业务顺利地签了下来。

还有八张 100 元的意外险保单的经历，也令徐小姐终生难忘。"我还清楚地记得，当天早上 6 点多就起床搭车赶往深圳，回到广州的时候已经是晚上 11 点多了。"徐小姐说，由于深圳那边的总负责人当天有事出去了，她只签下八张 100 元意外险保单，但这八张保单让她感受到初入行的艰辛，激发了她勤奋的精神。

可以说，勤奋是短时间内提升销售业绩的有效方法，是成功的捷径，所以销售员一定要积极锻炼自己勤奋的精神。

专家点评

俗话说："一勤天下无难事。"勤奋是短时间内提升销售业绩的有效方法，是成功的捷径。勤奋不仅是一种精神，更是成功的基石，是决定一个人能否成功的前提。

成功离不开勤奋，勤能补拙。优秀的销售员都知道想要获得成功，就必须制订详细周密的计划，然后坚决执行。在销售工作中没有什么神奇的方法，有的只是严密的组织和勤奋的工作。优秀的销售员依靠的是勤奋工作，而不是运气或者雕虫小技。

专家支招

销售员一定要积极培养自己勤奋的品质。

推销自己，不要出卖自己

有一位搞建筑的商人，参加完一座大楼的招标会后告诉乔·吉拉德："吉拉德，我是得不到这笔生意了。"

"为什么？"

"在我旁边有3个投标牌，他们的价钱都比我低。我的价钱已经够低了，但是我不能用廉价的材料，我可要凭良心做事。这个城市到处是一些摇摇欲坠的劣质建筑，就是因为用的混凝土太差劲，所以我要用最好的材料来做，砂石和盐分都无法侵蚀的材料。但现在看来这笔生意我是肯定做不成了。"

这位建筑商人的确没做成这笔生意，因为他不肯出卖自己。令人悲哀的是，人们为了降低成本，竟然选择了那个出卖自己的投标者。

专家点评

当我们提到“出卖”时，通常想到的是出卖别人，但事实上，我们也有出卖自己的时候。在销售过程中，销售员如果把握不好推销自己的尺度，也会出卖自己。

那位建筑商人虽然失败了，但是他却坚守了自己的原则，而且总会有志同道合的人找他合作。销售员要推销自己但不要出卖自己。总之，不论从事哪一行业，只要你坚守原则，最终会成功的。

专家支招

（1）销售员绝不能向客户出售假冒伪劣产品。

（2）坚守原则的销售员最终会成功。